李襄臣与山东的近现代盐业

吴景阳　纪丽真　著

中国海洋大学出版社
·青岛·

图书在版编目(CIP)数据

李襄臣与山东的近现代盐业 / 吴景阳，纪丽真著
. —青岛：中国海洋大学出版社，2023.3
ISBN 978-7-5670-3463-1

Ⅰ.①李… Ⅱ.①吴…②纪… Ⅲ.①李襄臣－生平
事迹②盐业史－山东－近现代 Ⅳ.①K825.38②F426.82

中国国家版本馆 CIP 数据核字(2023)第 052388 号

LI XIANGCHEN YU SHANDONG DE JINXIANDAI YANYE

李襄臣与山东的近现代盐业

出版发行	中国海洋大学出版社			
社　　址	青岛市香港东路 23 号		**邮政编码**	266071
出 版 人	刘文菁			
网　　址	http://pub.ouc.edu.cn			
电子信箱	94260876@qq.com			
订购电话	0532－82032573(传真)			
责任编辑	孙玉苗		**电　　话**	0532－85901040
印　　制	青岛国彩印刷股份有限公司			
版　　次	2023 年 3 月第 1 版			
印　　次	2023 年 3 月第 1 次印刷			
成品尺寸	170 mm×230 mm			
印　　张	12.5			
字　　数	128 千			
印　　数	1—1000			
定　　价	70.00 元			

发现印装质量问题,请致电 0532－58700166,由印刷厂负责调换。

序

一、盐在人类社会的发展中起着特殊作用

盐在现代社会,按照用途分为食盐和工业盐,其化学成分主要是氯化钠(NaCl)。

盐与土壤、空气、水、火一起构成人类生存的五大要素。食盐乃百味之王,是人体所需氯和钠的主要来源。人"无盐则肿"(《管子·轻重甲》)。钠在人体蛋白质和糖类的代谢,以及神经电信号传递中起着重要作用。神经细胞在缺钠的环境中,不能产生电信号,影响反射弧终端肌肉的收缩。氯维持人体内的酸碱平衡。人体缺盐就会疲劳,食欲下降,消化不良,精神失常甚至死亡。虽然盐在人的生活中不可或缺,但是现代科学研究发现,高盐饮食对人的身体健康是有害的。所以,我们应提倡在饮食中减盐和

限盐。

　　盐能与许多物质发生化学反应,产生多种化合物。它是生产酸、碱、氯气和化肥等化工产品的重要原料,被称为"化学工业之母"。正因为如此,1914年日本侵占青岛后,就疯狂地掠夺胶州湾海盐资源。也因为如此,我国化学工业的奠基者范旭东,首先瞄准的是制盐业,并以盐制碱、制酸,奠定化工业的基础。此外,盐田晒盐之后剩下的卤水(老卤)中,含有少量的钾、镁、溴等元素,可进行综合利用,生产多种海洋化工产品。盐业资源一直是我国海洋资源开发的重要项目。

二、中国的海盐场

　　我国生产的盐有海盐、井盐和湖盐等。根据国家统计局数据,2021年我国原盐的产量为5 706.51万吨。我国是世界最大的海盐生产国,海盐产量占全球海盐总产量的1/3以上。

　　我国海盐生产有着悠久的历史。我国人民几千年前就已在海边从事煎熬、晒制食盐的生产活动。我国有漫长的海岸,大多数淤泥质海岸适于建滩晒盐。因此,我国北起辽东半岛,南到海南岛,几乎都有盐场分布,其中尤以渤海、黄海沿岸海盐产量最大。因过去习惯以地域为单位划分盐场,所以就有辽宁盐场、长芦盐场(包括河北、天津等盐场)、山东盐场、淮北盐场"四大盐场"之说。

三、山东是人类海盐生产的发祥地

山东沿海地区是我国乃至世界海盐生产的发祥地。《中国盐政史》中有"古代盐产之富，莫盛于山东；盐法之兴，莫先于山东"①的记载。2012年8月上旬韩国丽水世界博览会中国馆"山东活动周"，推出了"孔子与和谐思想""管子与海洋生态""夙沙氏与海洋化工"等展览。孔子、管子与夙（宿）沙氏②三位"长者"作为山东省三大"省宝"被推介，而这三位中就有两位——管子和夙沙氏与海洋盐业密切相关。

关于"夙沙氏"，在我国不少古籍里都有记载。夙沙氏是中国第一个煮海成盐的，即利用海水制盐之鼻祖，被后世尊称为"盐宗"（产盐之宗）。夙沙氏是一个人还是一个部族，史书中没有确定的记载。夙沙氏煮海成盐的历史已被载入山东省中学教材。《中小学文化课程育人》中写道："海水可以煮盐，发明煮海水为盐的夙沙氏就是山东半岛上一个古老的部族。"③有古籍记载，夙沙氏煮海成盐发生于上古时期，其制盐之地在今山东滨海。这个年代在山东地区是大汶口文化中期前后。④

---

① 曾仰丰.中国盐政史[M].上海：商务印书馆，1937：66.

② 古籍中，"宿"与"夙"通用，"夙沙氏"也被写作"宿沙氏""宿沙瞿子"等。

③ 刘德增，耿成义.中小学文化课程育人[M].济南：山东教育出版社，2019：48.

④ 李慧竹，王青.山东北部海盐业起源的历史与考古学探索[J].管子学刊，2007（2）：43-46.

夙沙氏煮海成盐

　　管子(管仲)则是春秋时期齐国的国相。齐桓公用管仲之谋，实行"官山府海之策"，全力开发海洋资源，以盐业经济富国强兵，成就了霸业。自此以后盐成了历朝历代国库收入的重要支柱。在我国古代许多盐产地都设有专门祭祀"盐宗"的庙宇——盐宗庙，其中供奉在主位的就是煮海成盐的夙沙氏，其左右分别为商周之际运输卤盐的胶鬲和春秋时在齐国实行"盐政官营"的管仲。

　　根据目前已有的史料研究和考古发现，夙沙氏煮海成盐的记载是有充分历史依据的。① 但是由于史料语焉不详，尚缺少夙沙氏

　　① 王青.夙沙氏、胶鬲与山东北部海盐业的起源[C]//中华盐宗科技文化研究会.中华盐宗.潍坊:中华盐宗科技文化研究会,2012.

扬州盐宗庙里的三大"盐宗"的雕像

（自左至右：管仲，夙沙氏，胶鬲）

煮海成盐的直接实物证据，夙沙氏的故里、夙沙氏煮海成盐的用具和操作方法等问题仍不清楚。近年来又一次掀起了关于海盐业的起源与发展、"盐宗"夙沙氏的讨论。① 2012 年 8 月中下旬，山东青岛和寿光都举办了研讨会。多数专家根据已出土的文物和发掘的遗址探讨认为，"盐宗"夙沙氏的主要活动区域是山东寿光②，且寿

---

①　刘兰星，赵伟. 两地争"盐宗" 哪个是正传 城阳和寿光 说的都有谱[N]. 青岛晚报，2012-08-31(3).
②　李献忠. 寿光海盐生产起源与发展[C]//中华盐宗科技文化研究会. 中华盐宗. 潍坊：中华盐宗科技文化研究会，2012.

光已经成立了中华盐宗科技文化研究会。但是在青岛胶州湾沿岸,上千年来也一直流传着"盐宗"夙沙氏的传说。也有研究者提出,青岛地区是我国古代海盐业的发源地。2011 年,"盐宗"夙沙氏煮海成盐传说被列入青岛市第三批市级非物质文化遗产名录。2013 年,"盐宗"夙沙氏煮海成盐传说被列入山东省第三批省级非物质文化遗产名录。2018 年,胶州湾海盐制作技艺被列入青岛市第五批市级非物质文化遗产代表性项目名录。坐落于古渔场和古盐场遗址之上的胶州湾北部的韩家民俗村,建有青岛渔盐民俗博物馆。位于青岛高新区原青岛东风盐场三工区的青岛海盐博物馆也于 2023 年建成开馆。

青岛海盐博物馆

尽管至今还未找到夙沙氏煮海成盐的直接的实物证据,但是在莱州湾南岸一带大量发现的龙山文化时期与制盐有关的遗迹和盔形器(煎卤罐)等遗物,特别是位于寿光北部被评为 2008 年度全国十大考古新发现的"山东寿光双王城盐业遗址群",就足以证明山东沿海是中国海盐生产技术的发源地。在寿光双王城地区 30 平方千米范围内发现了盐业遗址 89 处。其中,龙山文化时期遗址 3 处,商代至西周初期遗址 76 处。此外尚有东周时期和金元时期的遗址数处。考古专家认为,山东寿光双王城盐业遗址群面积之广、规模之大、数量之多,遗址分布之密集、保存之完好,全国罕见。可以说,这是目前世界上发现的商周时期最大的盐业遗址群。①

山东寿光双王城盐业遗址

山东不仅是海盐生产技术的发源地,历史上也一直是我国海盐生产的大省。也就是说,海盐生产和海盐文化,在山东发祥于史前时期,是与中华文明同起步、共发展的。因此,山东海盐文化,成为我国最古老,在历史长河中最具经济、政治和文化重要性的海洋文化。

---

① 山东省文物考古研究所,北京大学中国考古学研究中心,寿光市文化局. 山东寿光市双王城盐业遗址 2008 年的发掘[J]. 考古,2010(3):18-19.

四、关于本书

然而,正如中国海盐博物馆(位于江苏盐城)网站上的研究文章指出的那样,长期以来,"关于海盐在盐业历史上的主导地位及其独特文化内涵的研究没有得到应有的重视,并因此影响到许多历史上以海盐为主导产业的地区地域历史文化研究的深入"①。山东似乎存在着同样的问题,不仅远古和古代的许多盐业和盐文化之谜还未解开,就连近现代一些与盐业和盐文化相关的重要的人和事都已湮没于历史的长河,以至于少有人知。

笔者之前既未见识过盐业生产,也未翻阅过任何盐业资料。几年前一个偶然的机会,使处于耄耋之年的笔者开始收集有关李襄臣的材料。与此同时,笔者接触到了民国时期至今的山东盐业和盐业文化方面的一些史料,整理出来只想起到抛砖引玉的作用。但愿更多、更生动反映我们前辈的良知、智慧和为振兴中华而百折不回、艰苦奋斗等精神的珍贵史料能够被抢救、被挖掘而展现在世人面前。

本书介绍的主人公李襄臣在我国"四大盐场"都留有足迹,并遗留有 20 世纪二三十年代对这些盐场考察的部分报告。他 20 世纪二三十年代辛勤耕耘过的胶州湾盐业,国难时期对四川井盐的

---

① 盐城市海盐文化研究会. 海盐文化论[EB/OL][2010-10-25]. https://www.chinahymuseum.com/show/27.html.

开采及对其副产品的开发利用,四五十年代创建的盐滩研究室和设计、建设的位于胶州湾的第一个国营盐场,以及五六十年代精心勘察、设计的位于莱州湾畔山东寿光的羊口盐场,都曾经创造了辉煌,有的至今仍在继续创造着辉煌,为我国的盐业生产和发展做出了重要贡献。李襄臣盐业生涯主要发生在山东的胶州湾畔和莱州

李襄臣(1898—1976)

湾畔这两个在盐业史上极具重要性的地区。看来,这种巧合既有其偶然性,也有其历史的必然性。范旭东创立的"永久黄"民族盐业化工企业团体为李襄臣提供了施展才华的舞台。李襄臣所经历的这段历史,不仅在我国盐业史上是一个极重要的发展阶段,而且具有颇为丰富和深刻的文化内涵。

目　　录

第一章

有幸步入"久大" 开启盐业生涯

一、自幼勤奋好学

李襄臣 1898 年 3 月出生于湖南省长沙县霞凝乡（今属湖南省长沙市）一农民家庭。他幼时家境十分贫困,受有钱有势的人甚至亲戚的歧视。这使他在幼小心灵中播下了发愤图强、艰苦奋斗的种子。他自幼勤奋好学,成绩优异,喜欢亲近自然、探索自然。在他回忆自己童年时生活的笔记中有这样的记载:

我幼时的工作,春天到野外寻猪草、去河中捉鱼虾,秋天拾禾籼,冬天往山中打柴草,或拾株树果子做豆腐当饭,雨天常傍在母亲麻篮边读《三字经》认字。我 6 岁（1903 年）进小学,因为没有钱买书,所以夜间或星期天借同学的课本抄读,成绩较好。初小毕业后,因为学习成绩还不错,所以得到族祠和伯父的帮助,得进高小,并得继续升学,于 1918 年在湖南公立工业专门学校化学科毕业。

当时家中的经济状况,支持李襄臣读初小已经极为勉强。因此,初小毕业时,其父亲已不得不决定终止他的学业,要求他在家务农。而当时的家族祠堂和经济条件也不优越的伯父却坚持资助他升学,显然是由于他有异常出众的学习成绩和极其勤奋认真的学习态度。也就是说,他的成绩不止他自己说的"较好"和"不错"。

根据有关史料得知,湖南公立高等工业学校的前身是辛亥革命前建立的湖南官立高等实业学堂。1914 年,湖南公立高等工业学校更名为湖南公立工业专门学校。1926 年,湖南公立工业专门学校、湖南公立法政专门学校、湖南公立商业专门学校合并,首次组建成了省立湖南大学。可能由于当年湖南公立工业专门学校地处长沙大垅,故当地人又称该校为"湖南长沙大垅工业专门学校"。

二、获知遇之恩

1918 年李襄臣以优异的成绩毕业于湖南公立工业专门学校化学科。对李襄臣学业和人品极为赏识的老师主动写了推荐信,让他去找远在天津的范旭东求职。李襄臣四处筹集不到路费,最终从一官户人家借得 9 块大洋。而这户人家之所以肯借给他钱,是因为家中的公子得益于他的辅导才考入专业学校,也因为他们认为李襄臣是个老实的年轻人,相信他会有出息、会兑现拿到薪酬后就还钱的承诺的。这样20岁的李襄臣才得以在该年冬天,穿着单薄的衣服,顶风北上。

范旭东(1883—1945)

较李襄臣年长15岁的范旭东是我国民族工业团体"永久黄"〔永利化学工业公司(初名永利制碱公司)、久大盐业公司(初名久大精盐公司)、永裕盐业公司和黄海化学工业研究社〕的创始人。范旭东是湖南湘阴人,早年留学日本。他痛感祖国工业落后,遭受列强欺侮,于是下决心开拓民族工业的领域,以工业的振兴来实现强国富民之梦。1914年范旭东筹备于天津塘沽集资创办久大精盐股份有限公司(1914年7月20日北京盐务署批令准予立案,1915年公司正式运营,1936年改组为久大盐业公司,下文简称"久大"),生产简装精盐,以抵制洋货,改善老百姓的食品卫生状况。久大精盐问世后,深受消费者欢迎,公司业务发展极快。范氏创业志在发展我国的民族工业。当时,在中国,纯碱(碳酸钠)是玻璃、染料、纺织、造纸、冶金、肥皂、有机合成等工业的基本原料之一,其与硫酸同等重要。建立自己的以盐为原料的制碱厂作为发展中国化学工业的起点是范旭东必然的选择。因而,范旭东趁久大业务兴隆,在1917年与东吴大学的化学硕士陈调甫等开始筹办永利制碱公司（1934 年改为永利化学工业公司）。数年后留美博士侯德榜深为求贤心切、待人诚恳的范旭东及其爱国热忱所感动，接受其聘请，担任永利制碱公司的技师长（总工程师）。侯德榜后来成为世界知名的"侯氏碱法"的创始人。1934 年至 1937 年 2 月侯德榜又负责在南京创建了一座重化工联合企业——永利铔厂。中华人民共和国成立后，侯德榜曾任重工业部化工局顾问、化学工业部副部长等职。李襄臣来塘沽久大后，虽然参与永利制碱公司和以后的永利化学工业公司的工作不多，但也有难忘的经历。在《海王》1934 年新年特刊发表的《恭贺新禧！》一文中，李襄臣回忆道："当民国七年的新年，正是永利地基垫成之日。犹忆在一个薄雪将尽的晴天，与范君往菜畦滩测收垫基土方，此情此景仿如昨日，而今永利已是根基巩固满目光辉。"①当侯德榜回国任职后，范旭东等也曾拟安排李襄臣跟着侯德榜创业，只是后来为了开发从日本人手中收回的青岛盐业，才委派他来青岛永裕盐业公司任职。

在李襄臣来到久大之前，毕业于日本东京高等工业学校的李烛尘，同样怀着"实业救国"和"科学救国"的理想回国，于 1918 年夏应范旭东邀请来到久大任技士（技术员）。擅长企业经营管理的李烛尘当年 36 岁，以后成为范旭东的得力副手、"永久黄"团体的大管家。在范旭东逝世（1945 年 10 月）后，李烛尘任久大盐业公司总经理、永利化学工业公司副总经理，以及青岛永裕盐业公司董事长。中华人民共和国成立后，他被选为中央人民政府委员、全国政协委

① 凝. 恭贺新禧！[J]. 海王, 1934（新年特刊）: 14.

员。李烛尘于 1956 年被任命为食品工业部部长,食品工业部与轻工业部合并后改任轻工业部部长。而李襄臣 1956 年后在山东省盐务局和山东省轻工业厅任职。因此,李烛尘成了与李襄臣共事时间最长的上级领导。

侯德榜(1890—1974)

李烛尘(1882—1968)

原久大精盐公司大楼

永利碱厂

三、对母校的回报

李襄臣来到天津塘沽后，呈上恩师的推荐信，受到了热情的接待。按照公司规定，选聘新人需要进行考评。于是范旭东找来相关专家出题测试。李襄臣的考评结果使他们非常满意。他们惊喜地发现，长沙这所工业学校竟能培养出如此高素质的学生。范旭东随即安排李襄臣为久大的技士，并嘱其以后要协助公司招募其母校的优秀毕业生来久大共同创业。李襄臣的出色表现，说明其就读的学校具有很强的实力和很高的教学质量。事实上也确有不少李襄臣的校友，在各地工业的创建中做出贡献。仅就青岛来看，在纺织、橡胶、颜料等工业的创建和发展中都有不少他的校友的参与。例如到 20 世纪五六十年代，与李襄臣还常有联系的就有曾任青岛纺织管理局副局长的郑家朴、曾任青岛第五纺织厂工程师的郭振象、曾任青岛橡胶九厂厂长的戴昭鉴、曾在青岛颜料厂任工程师的唐众惠等。他们都对青岛工业的起步做出过贡献。一个学校的实力和教学质量，自然主要取决于办学者和教职员工的奋斗和水平。这不禁使人感慨：在那个极其动荡和困难的年代，在物质和信息如此贫乏的条件下，在祖国各地有一批默默无闻的知识分子，在教育战线上兢兢业业、脚踏实地地奋斗着，做出了出色的成绩。他们与奋战在实业救国战线上的范旭东、李烛尘和侯德榜等人一样强烈地意识到，在世界奔向工业化的进程中，在屈辱落后中挣扎的中国若要崛起,就必须拥有大批掌握科学技术的人才。这批教育战线上的无名英雄,做着看视似平凡,却对国家和民族有非凡影响的工作。

1921 年李襄臣(前排左起第四人)**与湖南省立第一甲工校旅鄂纱厂**
实习同学的留影

有了范旭东和李烛尘的嘱托,李襄臣在以后的许多年中都与母校及校友们保持着密切的联系,也不止一次地回长沙或到学生毕业实习地去物色人选,这既是为"永久黄"团体出力,也是基于自己为那些品学兼优而又家境贫寒的年轻人谋求出路的心愿。因此,校友和同乡们对李襄臣非常尊重,直至 1946、1947 年还有 40 余位校友来青岛聚会。在经历动乱和苦难的年代里,这确实是难能可贵的。

1946 年湖南公立工业专门学校校友在青岛聚会

（第二排左起第五人为李襄臣）

　　由于自身的努力，加上接受了良好的教育，又得到了老师的引荐和领导的赏识，李襄臣不仅没有遭受失业的困扰，而且很快地融入了这个拥有众多良师益友及志同道合的同人的爱国实业集体，开始了他的制盐事业。而也有一些更早进入社会的仁人志士，在那军阀混战、百业凋敝的年代，无法施展自己的才智，甚至辗转多年还难以维持生计，直至加入"永久黄"团体才找到归属。例如

1915 年就毕业于日本东京帝国大学采冶科的唐汉三①，归国后，始终没有觅得一个可以长期安心从事的工作。立志以所学报效祖国的他，直到 1931 年才接到范旭东邀赴天津塘沽永利制碱公司工作的信函。此后他一直感激范旭东的知遇之恩，曾说"士为知己者死"，将"永久黄"事业视为自己的生命。后来唐汉三担任过久大的总工程师、厂长等职，为制盐工艺的革新做出了很大贡献。唐汉三较李襄臣长 9 岁。他来塘沽工作时，李襄臣已调往青岛工作多年。但是"永久黄"团体内各公司间在工作上常有联系，有时不同公司的员工还一起出差考察。他们一见如故，成为志同道合的挚友。抗战时期，二人在自贡也曾合作建立井盐副产品厂。1956 年后，二人因在同一个系统工作，也常有联系。

四、创办工读班

1921 年 3 月，由范旭东正式倡议，久大、永利两厂创办了夜读班（后为工读班），每晚为工人授课。当时报名听课的工人有 80 余人，根据识字程度分为甲、乙两级。教员均为厂内工程技术人员，完全是义务教授。此举在中国工商界开了劳工教育之先河，一时称为前锋。李襄臣幼年时过着穷困的生活，感受到父母支撑家庭生活的艰辛，最初只知道奋发读书，将来赚钱让父母过上好日子，

---

① 唐士坚.唐汉三生平事略［G］//政协四川省自贡市委员会文史资料研究委员会.自贡文史资料选辑：第十六辑.自贡：政协四川省自贡市委员会，1986：116.

但没有认识到人民生活贫困的社会根源。辛亥革命时,他正在上高小。当时校内有 3 个同盟会会员。湖南起义那一天,他和同学一起写标语、贴标语,虽然当时还是不明白究竟为什么革命,但是感到新奇和兴奋。他后来回忆道:

> 在第一次世界大战时期,日本帝国主义者向我国提出"二十一条"亡国条约。这个时候我才有了国家观念,有了爱国思想,对曹汝霖、陆徵祥的卖国行为极端痛恨。五四运动时期,我已离开学校,正在久大塘沽工厂工作,爱读《新青年》《生活》《向导》等刊物。我受到了影响,认为应改善工人生活,提高工人文化水平,曾约集厂中青年同志创办工读班。①

旧时代的工商业者,大都不择手段谋取利润,甘心掏腰包办教育的鲜有其人。因此,范旭东开办的工读班的做法让一般人很费解。李襄臣却完全理解范旭东那种视教育为开启民智的利器的观念,理解他在为社会生产合格产品的同时,更为国家培养有用之才的高度社会责任感和使命感。李襄臣也就不辞劳苦,在努力钻研业务和不断扩大自己知识面的同时,怀着满腔热忱,承担起了义务教员的任务。第一期学员结业,成绩可观,因而吸引了更多的工人加入工读班。此后几年,工读班规模不断扩大。青岛永裕盐业公司在创建后极艰苦的条件下,也一直坚持办职工学校。

在成功地创办了工读班之后,"永久黄"团体又陆续在孩童教

---

① 李襄臣回忆文,未发表。

育(如创办塘沽私立明星完全小学校)、技术培训(如开办永利碱厂特种艺徒班)、员工教育(如举办外国文补习班、创办成人教育学校)等方面都设立了长年的办学机构。① 抗日战争时期,李襄臣就有 3 个子女在四川自贡办的明星小学免费接受教育。明星小学的教学理念是很全面、超前的。特别是 1934 年"永久黄"团体提出了团体的四大信条之后,明星小学确定的教育目标是:(1)启发民族的意识;(2)培养团体的意志;(3)锻炼健康的身体;(4)养成劳动的习惯;(5)建立科学的基础;(6)训练前进的思想;(7)增进艺术的兴趣;(8)发展创造的能力。

1922 年久大工人工读班师生合影

(第一排右起第六人为李襄臣)

---

① 天津碱厂. 钩沉——"永久黄"团体历史珍贵资料选编(内部资料). 天津:天津碱厂,2009:417.

1922 年久大工人工读班部分教师及卒业生合影

（前排左起第二人为李襄臣，前排为教师，后排四人为卒业生）

五、塘沽六年的回顾

李襄臣从 1918 年底开始，在塘沽共工作了 6 年：在工厂制盐车间和化验室工作了 2 年，在盐田生产技术管理方面工作了 4 年。这样，他就基本掌握了从晒盐开始的原盐生产到精盐制作以及盐品质量化验整个过程的基础理论和工程技术，为以后的盐业生涯打下了坚实的基础，积累了实践经验。与此同时，他博览群书，积极参与改善工人劳动条件和文化生活的活动，担任工读班教员，倡办文化小报,虚心向同事学习专业知识,学习英语和日语,也学习爱国、救国和服务社会的精神。李襄臣是幸运的,其幸运不仅在于在那个年代一出校门就找到了一个可以养家糊口的稳定工作,而且在于加入了一个为国为民的科学实业团体,这个团体在其发展的初期就汇集了大批优秀人才。除分别毕业于美国哥伦比亚大学和哈佛大学并获得博士学位的侯德榜、孙学悟外,尚有先后于日本东京帝国大学和美国哈佛大学留学、曾参与设计美国最大航空母舰的傅冰芝,以及毕业于日本东京高等工业学校的李烛尘,毕业于美国普渡大学的李祉川,毕业于东吴大学、被范旭东送往美国留学的陈调甫,从德国留学归来的阎幼甫,等等。在这一时期,李襄臣交往较多,受影响较大的"良师益友"除了以上提到的范旭东、李烛尘、侯德榜等人外,还有毕业于美国芝加哥大学的余啸秋和留学日本的文公信、杨子南等人。而这个团体后来在化学工业和科学事业上的成就,以及其巨大影响力,从范旭东1945年10月4日因病逝世在社会各界引起的强烈震动就可见一斑。在10月21日下午举行的追悼大会上,共有政界、工商界、科教界、文化界人士500余人前往吊唁,毛泽东、周恩来、朱德、王若飞、郭沫若、胡厥文等赠送了诔词、挽联。[①] 诸多工商界、科教界知名人士发表了沉痛悼念的文章。企业内部,则无论是干部、科技精英,还是普通工人,都表现出对范旭东离世之沉痛的心境和对范旭东的无限追思、无比爱戴与尊崇的心声,令人动容。这些都说明,范旭东所缔造的"永久黄"

---

① 李玉.范旭东与"永久黄"集团的企业文化[G]//曾凡英.盐文化研究论丛:第一辑.成都:巴蜀书社,2005:32.

团体的成就和影响已不仅限于它开创了我国近代化学工业的卓越业绩本身,而且更深刻地表现在振兴民族的奋斗精神和崇尚科学、救国为民的文化理念上。

在《海王》旬刊第 7 卷第 31 期(1935 年 7 月 20 日)上刊登的《大哥二十寿诞给我的回忆》一文中,李襄臣用生动的语言,回顾了他刚到塘沽的情景和公司迅速发展的历程。"永久黄"团体"克服了说不尽的艰难"和"经历了想象不到的奋斗",为民族工业创立了一个又一个基业,为国人提供了"长流""无尽"的产品。①

文中"大哥"指的就是久大,"二爷"是永利,"三爷"是永裕,白河即现在的海河。

民国七年冬天,我初次来到塘沽,下车后步出车站,站临白河。此时正值隆冬,河中流水挟着许多冰块,滚滚前进,它们都磨练得没有了边角。看它大块推着小块,小群拥着大群,争先恐后,那们忙,那们迅速,随着潮流,不断的无尽的往前推进。这时的白河,被这些冰块盖满,正是名符其实了。我望着这忙碌的白河振振精神,将车行疲劳,寄诸东海。如是顺着河沿,赶到大哥屋里。这时大哥正四岁,拥着第一第二两厂,厂中出品也像雪般白,工作也像冰流般忙。我于是也加入这团体中,开始尽那人类应尽的天职。大哥五岁时,由文公信章舒元两先生设立第三厂,杨子南先生计划设立化学室,此化学室演进为

---

① 凝.大哥二十寿诞给我的回忆[J].海王,1935,7(31)(久大二十周年纪念特刊):555.

四爷黄海化学社的重要部分。翌年设立第四厂，并奠好二爷永利厂基。大哥的事业，从此年年有新的萌芽新的枝叶了。民国十二年，三爷永裕降生，去年又成立了铔厂。虽然中间经过说不尽的艰难，当事人有想像不到的奋斗，而大哥事业日隆，团员日众。今年七月二十日，正是大哥二十整寿，触发当年踏入塘沽第一步情景，仿佛大哥事业，正和当时所见白河的情景一样，他供给国人的出品，和长流入海一样的无尽，他自前至今以及自兹以往，也像当日的冰块，随着潮流甚至超越潮流，不息的向前走着。他团体中工作的团员，仍是那们忙、那们迅速争先恐后往前赶去。我回溯当时，纪念既往，庆祝将来！①

---

① 凝. 大哥二十寿诞给我的回忆[J]. 海王，1935，7(31)(久大二十周年纪念特刊)：555.

第二章

青岛永裕盐业公司创立始末

一、新事业的扩展

20世纪20年代是"永久黄"团体发展的一个关键时期。一方面,永利制碱公司正遭受外国企业财团垄断势力,特别是英国卜内门化学工业公司的打压和索尔维集团的技术封锁,同时又遇军阀官僚的欺诈阻挠,在艰难的创业过程中;另一方面,范旭东、李烛尘高瞻远瞩,深刻领悟到科学研究对振兴民族工业的重要性。范旭东常常对人说"中国今日若不知注重科学,中国工业有何希望",认为扩展化工事业需有专门研究机构。经过筹划,黄海化学工业研究社于1922年成立。范旭东拟聘请留美的哈佛大学化学博士孙学悟(字颖川)主持其事,但孙学悟当年已受聘于英资企业开滦煤矿。范旭东得知,传信给孙学悟,阐明了自己科学救国的宏愿。孙学悟被范旭东伟大的人格魅力所感召,谢绝开滦煤矿的重金挽留,来到塘沽,当上了黄海化学工业研究社的第一任社长。该机构在轻、重金属,发酵及菌学,以及水溶盐类等方面的研究都取得了重要的成果,不仅为久大、永利的发展提供了技术支持,而且对当时的国防工业、农业化肥、食品工业和医药化工业的发展也都做出了贡献。与此同时,黄海化学工业研究社培育了大批科技人才。20世纪50年代,黄海化学工业研究社改为中国科学院工业化学研究所,孙学悟任所长。李襄臣来到塘沽后工作过的久大化学试验室成为黄海化学工业研究社的前身。李襄臣对孙学悟的学识和人品都很敬重。1934年,李襄臣考察了淮北盐场后路过塘沽时,曾与孙学悟会面,谈及原盐生产方法和质量问题。孙学悟建议李襄臣将十几年在这方面积累的工作经验和研究成果整理成书出版。这就促使李襄臣后来撰写《胶州湾盐业》,并在1936—1937年的《海王》旬刊上连载。

办碱厂、建研究社都需要大量的资金,制碱事业的发展也需要原料盐的充足供应作为保障。为此,范旭东认为有必要继续发展盐业。他一直在寻求开拓新的盐区。

二、收回青盐是利国利民之举

早在20世纪初,范旭东就瞩目过胶州湾盐业[①],认为青岛制盐

---

① 王超凡.范旭东和青岛盐业[G]//中国人民政治协商会议青岛市委员会文史资料研究委员会.青岛文史资料:第九辑.青岛:中国人民政治协商会议青岛市委员会,1992:120-130.

的各种条件优越。要不是青岛于 1898—1914 年、1914—1922 年相继被德国和日本侵占,范旭东可能早就在青岛发展盐业、创办民族企业了。第一次世界大战后,1921 年 11 月 12 日到 1922 年 2 月 6 日,在美国召开了华盛顿会议。会议上,中、日签订了《解决山东悬案条约》,确认日本应该交还继德国之后在山东掠夺的各项特权,其中第二十五条明确"凡沿胶州湾海岸盐场确系日本人民或日本公司现在经营之利益,统由中国政府公平购回"。范旭东得知后喜出望外,和李烛尘几经讨论,认为经营青岛盐产,是关系国家主权之事,既有利于国家民族,又有利于久大、永利事业的发展。虽然苦于缺乏资金,难以承担,但范旭东也不愿就此放弃、任盐场荒废,更不想盐场复为日方所掌控,乃派久大技士杨子南等人到青岛进一步调查,为进军青岛做准备,并为政府提供盐场收回谈判的资料。①

　　然而,此后收回和创建自己民族制盐企业,却经历了难以想象的艰难曲折和漫长的过程。

　　关于胶州湾盐田的创始和沿革,1936 年李襄臣在《海王》上发表的《胶州湾盐业》第一章第一节中有以下简述:

　　　　胶州湾周围二百余里,东起沧口,西至薛家岛,其地平坦,均足以开辟盐场。然考最初之创业者,又非就滩晒制而为用锅熬煮。初下崖村孙同,设锅煎卤为盐,请求当

---

　　① 王超凡.范旭东和青岛盐业［G］//中国人民政治协商会议青岛市委员会文史资料研究委员会.青岛文史资料:第九辑.青岛:中国人民政治协商会议青岛市委员会,1992:120-130.

时政府,运销胶州即墨等处沿海十八县。继起者有小西滩盐锅,其年月以无文献可考无由得知。继锅熬者为盐田晒盐法,创始于前清光绪二十六年(即德人租借后三年)。阴岛萧家村萧廷蕃,营商于金口,得睹其晒盐方法,即于金口雇老练之把头还村,开设斗子三付,从事晒制,数年独立经营,即以所产之盐供给附近居民之用,亦稍获利,其后偶以舢板运销青岛,颇见利润。如是模仿开设者各地皆起,其中颇有大规模盐田焉。南万盐田之开设,在前清光绪三十年;下崖盐田在光绪三十一年。其最盛时期,在民国纪元前五六年之间,当时湾内之总滩数有二百五十四所,斗子副数达五百六十付。此后日见增设。惟不幸于民国四年,蒙稀有之海啸,盐田之毁损甚多,如是面积又形减少。殆至民国五六年方克恢复。当民国三年,胶州湾为日人占领,至七年日本盐业遭空前大荒,需求多量之输入,予胶州湾盐以绝好之机,故当时日人之在胶州湾经营盐田者蜂起,其盐田面积足驾吾人而上之。[①]

可以看出,日本第一次侵占青岛期间,曾大力开发胶州湾盐田,贪婪地掠夺我国海洋资源。德国侵占我国山东半岛后,在这里开租界,筑铁路,建码头,办工厂,进行掠夺。第一次世界大战爆发,德国疲于欧战,无暇东顾。日本乘机强迫袁世凯签订"二十一

---

① 凝. 胶州湾盐业[J]. 海王,1936,8(18):295-296. 清朝和民国时期胶州湾晒盐以付(副)为生产单位,一副斗子实际是海盐生产从制卤到结晶的一个生产单元。每副斗子的面积大小不一,不同年代也有变化。

条",全盘接收德国在山东半岛的利益,侵占山东半岛。日本虽是个岛国,但沿海少有优良盐滩,每年盐不敷国内工业及民食之用,长期依赖我国供应。当欧战正烈的时候,世界物质供求关系发生很大变化,尤其是化学原料中的"盐",变成宝贝。日本人于是利用这千载一时的机会,拼命在胶州湾开辟盐田,迅速开发青岛海盐资源,以保日本化学工业发展和民生用盐之需。据《久大与胶澳盐业结合》一文记载,1917 年日本开胶澳盐田不过 8 副斗子;1918 年新开 35 副;1919 年开 242 副;1920 年最多,竟新开了 696 副;1921 年又开 395 副;5 年间斗子数量由 8 副增加到 1 376 副。①

日本人这样蜂拥而上,许多盐田、工厂不免粗制滥造,产品质量低劣。但这也说明当年青岛盐业的有利可图和对日本关系的重大。华盛顿会议已议决要日本把其在山东的一切权利交还中国,盐务主权当然是其中重要的一件。另外,欧战停了,盐的需求量也急剧下降。那帮在胶州湾拼命开盐田发财的日本投机商正处于进退维谷的当儿,认为中国既是"公平购回"而不是要他们无偿归还,且可"照相当条件以该沿岸产盐之若干量数准予贩往日本",还"说得过去"。因此,在会上日本原则上同意中国"公平购回"日本在青岛经营的盐田和工厂,但要填补日本每年所需 25 万吨盐的缺口的协议。

---

① 佚名.久大与胶澳盐业结合——生产了一个头角峥嵘的永裕盐业公司[J].海王,1928(7).

三、"备价"问题上的较量

在此后具体执行这个条约的过程中,日本却处处刁难,在"备价收回"的"备价"上,日本首先在《山东悬案细目协定》的预案上发难[1],开出 1 000 余万元的天价[青岛盐业公产价值 787 万余元(包括利润),"预想利益"290 万余元,被解散职工津贴 30 万元]进行勒索。而根据久大杨子南等人的客观调查,青岛盐田价值不过 97 万元,工厂价值 108 万元,合计仅 205 万元。当时北洋政府虽设有盐政机构,但对胶州湾盐业状况了解甚少,在谈判过程中处处被动。范旭东亲赴青岛参加谈判,以华盛顿会议决议为武器,以青岛盐产的实际价值为标的,据理力争。同时,久大的调查报告除上交政府之外,在舆论界亦进行报道。日本代表迫于形势,最终同意中国政府以 600 万元购回盐田 6 万余亩、制盐工厂 19 所。

四、招商投标中的斗争

收回胶州湾盐业后,北洋政府采用标售的方式招商承办。当时,日商暗中活动,以图继续染指青岛盐业。但盐业向来属国家

---

[1]　陈歆文. 中国化学工业的奠基人——范旭东[M]. 大连:大连出版社,2003:31.

专卖,不许外商经营。因此,他们只好勾结某些唯利是图的华商冒名。

面对投标一事,范旭东和李烛尘等久大的元老几经讨论,对青岛盐业和当时的局势已有了解,深知在投标之际必有一番角逐。他们考虑如果不与当地盐商取得默契,即便中标,人地生疏,也将难以经营。于是在投标前久大总董事景本白就被派到青岛与青岛盐业协会会长丁敬臣(扬州人,曾任胶澳总商会会长)协商合作。丁敬臣早想涉足胶州湾盐业。当时,青岛盐商无力承办;若青岛盐商与山东其他地区的盐商合办,资金问题较易解决,但技术方面毫无把握。丁敬臣正在踌躇之际,恰逢颇有声望的盐业专家找上门来,当然求之不得。双方一拍即合。其协议主要内容如下:在中标之后,由双方合组公司,"青盐输日"之专营权则由新组建的公司与丁敬臣共享。此时济南东纲公所(山东盐商的公会组织)也亟谋与丁敬臣合作。丁敬臣因已与范旭东有约,不能舍此就彼。范旭东认为能增加一分力量共同对付日本人是好事,并称东纲公所是"一员战斗的健将",表示欢迎三方合作。然而,济南盐商素以生产粗盐为业,此前与生产精盐的久大处于敌对状态,因此最初不愿与范旭东打交道。在投标一段时间以后,在盐务总署的撮合之下,以范旭东为首的三方合组的青岛永裕盐业公司方才成立。

在酝酿招标初期,各地盐商趋之若鹜。日商更是蠢蠢欲动,因为不能公开露面,只能假手国人。当局对此次招标很重视,民间也很关注。1923 年 4 月 10 日进行投标,投标者共 7 家。第一次投标未进行国籍审查,被日人利用的徐志清为中标者。但其他投标者的报价与其报价相差悬殊,他们自己感到太吃亏,而且许诺的条件其实难以履行,所以宁肯放弃1万元押金而等待机会。后因日本关中大地震,日商无力支持徐志清。在这种情况下,当时的盐务署确知久大经营盐业有年、技术和管理经验丰富、资金余裕、信誉卓著,极愿由久大承办胶州湾盐业。于是,1923年9月5日,由久大精盐公司、东纲公所和青岛盐商组成的永裕盐业公司与盐务署签订协议,备价300万元(每年缴纳20万元,分15年缴清),承接青岛全部盐产,承担每年向日本销售25万吨青盐的任务。1923年9月14日,久大和东纲公所、青岛盐商3个团体又签了协议,分认股份,各人承担一部分责任。

五、移交前后的风波

从北洋政府招标起到永裕盐业公司得标,历经波折,花费了5个月的时间。好在永裕盐业公司总算组织起来了,又与盐务署签订了协议,只待政府移交胶州湾盐田、制盐厂,并与日方签订"青盐输日"协定,就可以重建胶州湾的盐业了。在永裕盐业公司缴纳第一年的20万元之后,盐务署理应立即点交日商原有之全部资产。然而,此时日本方面暗地里阻挠,"从此这胶澳盐务更是愈闹愈复杂,中外政客流氓混战到一堆,平白又加上些地方色彩和军阀势力。眼见一个极简单明了的问题，闹得和乱麻似的"①。

　　永裕盐业公司与盐务署签约的消息传到青岛，1923年10月，在日本人的煽动下，当地的盐商和地痞流氓勾结，一面倒咬一口，说"永裕勾结日商垄断盐业"，一面纠集无业游民到永裕盐业公司在胶东的铺面肆意捣乱，并且威胁盐务机关绝对不准移交胶州湾盐业公产给永裕盐业公司。②而盐务署在买价到手后，竟对此捣乱不加制止，致使这帮顽劣更加肆无忌惮。闹事为首者是时任胶澳总商会会长的隋石卿。其因与前任会长丁敬臣有私怨，得知丁敬臣与范旭东等合作之后大为恼火，发誓非加以破坏不可。1923年12月5日，这伙人又在乡下闹事，放火烧永裕盐业公司股东的住宅，掳去人质，逼迫他们退股。对这种荒唐、暴力现象，盐务署仍充耳不闻。盐务署派驻青岛的委员也被"盐民"逼走。直到12月10日永裕盐业公司才收到青岛盐田、制盐厂的清单。可是正如《久大与胶澳盐业结合——生产了一个头角峥嵘的永裕盐业公司》一文所述："一年以来我们的国人，拼命和我们纠缠，那日本方面，却是着着进步。一部分流氓附魔在本地土豪身上，替他们做灵魂，嗾使他和永裕撕打。一方面日本政府，对于青岛盐输出日本的协定，老实不让它痛快成立，迁延再三……"③

　　①　佚名. 久大与胶澳盐业结合——生产了一个头角峥嵘的永裕盐业公司[J]. 海王，1928(7).

　　②　陈歆文. 中国化学工业的奠基人——范旭东[M]. 大连：大连出版社，2003：32-33.

　　③　佚名. 久大与胶澳盐业结合——生产了一个头角峥嵘的永裕盐业公司（续）[J]. 海王，1928(8).

六、"青盐输日"专营权之争

　　"青盐输日"为永裕盐业公司的重要项目。辽阔的盐田经长时间的风浪冲刷已残缺不堪。十几处制盐厂,经过修复可供使用者仅二三处。唯赖盐之出口盈利,略补盐田、盐场重建的经济负担。但日本方面千方百计设置障碍,在中日联合委员会上无理纠缠,阻挠"青盐输日"协定的签订。延至 1924 年 3 月 19 日,日本特派员向盐务署提出 6 个条件,为日本商人争利。此时身居洛阳、时任直鲁豫三省巡阅使的吴佩孚突然又接二连三打电报到北京,要求取消永裕盐业公司,将胶州湾盐业改归官办。而盐务署不仅不声辩,反向永裕盐业公司施压。这致使中国和日本的谈判一再拖延时日。①原来此事也与青岛地方势力隋石卿有关。他除收买利用部分盐民、流氓竭力阻挠永裕盐业公司接收胶州湾盐田、盐厂外,又直接上书给吴佩孚,诬陷永裕盐业公司是通过贿赂得标的,而如果将胶州湾盐业收归官办,每年可获利数百万元等等。吴佩孚闻之大喜,当即电令有关机关查办,并特派机要秘书谢某赴京津,对所谓重大的行贿案件进行调查。在这种形势下,盐务署人员哪里还有心思来和日本人会谈? 所以,他们今日设一个口实,明日请日本人吃一餐,敷衍一天算一天。

---

　　①　陈歆文,李祉川. 中国化学工业的先驱:范旭东、侯德榜传[M]. 天津:南开大学出版社,2021:29.

　　此后,日方又质疑由久大、东纲公所、青岛盐商 3 个团体所组成的永裕盐业公司性质不明。为了避免纠纷,三团体商定将永裕盐业公司改为股份有限公司,确定久大在永裕盐业公司占有过半的股数。但中、日双方各执一词,总说不到一起,青盐输日谈判在 5 月初宣告暂停。不过,在范旭东和永裕盐业公司据理力争的情况下,青岛盐业资产移交之事总算落实。7 月 5 日,盐务署终于将原日本人经营的盐业资产正式移交永裕盐业公司。7 月 12 日,永裕盐业公司初次在青岛开股东会。此时,隋石卿等又唆使十几名暴徒突然闯进会议室大打出手。丁敬臣被打得遍体鳞伤,送往福柏医院养伤数月始愈。范旭东因规避及时幸免于难。可笑的是,永裕盐业公司和当地一个水上巡警区署同在一个院子里,一边是暴徒持械逞凶,一边是荷枪实弹的巡警作壁上观。这时吴佩孚方面的调查结果证明了永裕盐业公司手续完备,无懈可击。至此,吴佩孚方知被隋石卿所蒙骗,乃分别致电盐务总署、胶澳督办公署、胶澳总商会,谓永裕一案应秉公处理,"本帅不再过问此事"①。这样他又从"取消永裕"转而改为"要(永裕)报效"了。到 1924 年 10 月 13日,青岛巡警厅才像演戏一样,送还了被暴徒抢走的永裕盐业公司的牌子,而且恭敬地替永裕挂上。暴徒这才受到应有的处罚。所谓"青岛盐潮"才算告一段落。

---

　　① 王超凡. 范旭东和青岛盐业[G]//中国人民政治协商会议青岛市委员会文史资料研究委员会. 青岛文史资料:第九辑. 中国人民政治协商会议青岛市委员会,1992:124.

七、日人暗中攫取青盐输日权

然而,就在中、日准备就"青盐输日"协定签订重启谈判之际,原本在北京很有声望的中日实业公司对青岛盐务也发生了特殊兴趣,欲谋在协定签字之前搞所谓工业用盐的"临时输出",以便攫取部分青盐的输出权。[①] 中日实业公司暗施伎俩,以重金贿赂时任盐务总署署长的钟世铭,同时公司中的日本人往返青京,与"青岛民户盐田联合会"相互呼应。隋石卿则趁机在青岛煽动部分盐民以维持生计为由,配合日商向胶澳督办公署和山东督军张宗昌请愿,要求准予临时输出,借此打压既得"青盐输日"专营权的永裕盐业公司。地方当局竟无原则地予以支持,批准其临时向日本输出盐。对此,不但永裕公司坚持反对,就是盐务总署中的洋会办(为英国人)亦不赞同。盐务总署署长钟世铭则趁北洋军阀倒台之际,潜至天津租界,擅自批准这份申请,使永裕盐业公司花巨资取得的"青盐输日"专营权成一纸空文,也直接损害了国家权益。范旭东在青岛得知青盐输日专营权暗中被日方攫取,愤慨至极,忽患严重鼻出血。盐务总署左设一个障碍,右发一个责难,一直拖到 1925 年 2 月才允许永裕盐业公司正式开工,生产精盐。此后,精盐运销事宜又生枝节。拖了 3 个月后,6 月中旬盐务总署才决定永裕盐业公司所产精盐由久大包销,准予出厂。不由得"久大人"感慨道:"老实说:

---

① 陈歆文.中国化学工业的奠基人——范旭东[M].大连:大连出版社,2003:34.

永裕不过当时区区一个营利的公司,成败有甚么关系呢。不过从国家的权利和人民的生计上看起来,真是令人有余恨啊!日本政府利用它的流氓政客为它的国。中国政府却利用流氓政客发财。贤不肖相隔不知道几万里!"①

　　长期拖延下来的中日盐务协定,到了1925年12月大体才算决定。所得结果居然是:青岛根据日本的需要,按日本定的数量向其供盐。盐价没有标准。中国人不能直接将盐送去日本,输日盐须经过日本人的手。巧立"食盐""工业盐""朝鲜盐"的名目,把一件完整的案分为几件办。日商仍旧有到青岛直接买盐机会。青岛向来可以输盐去朝鲜,从此反不得此自由了!

　　"久大人"只能又感叹:"总而言之,人家替国家争权利,我们②是替私人争权利,交易而退,各得其所,夫复何言!""永裕自身并不是个弱者,为国家争权利也决不肯后人的,无奈处于弱者的环境何啊!""永裕的立场,完全处于双重压迫之下!纵的方面,受社会环境不良不静的压迫,横的方面受日本销场的压迫。"③就是这个极不公道的协定,原定1925年12月20日双方可以签字的,恰逢西北军与奉军在京津间血战,交通阻滞,于是又拖延下来。在这期间日本人又起异议,先是提出中国商人不能和专卖局直接洽办,后又提出代理商只能有一家,最后又提出代理商必须三家以上,等等。如此

① 佚名.久大与胶澳盐业结合——生产了一个头角峥嵘的永裕盐业公司(续)[J].海王,1928(9).

② 指某些政府官员、军阀等。

③ 佚名.久大与胶澳盐业结合——生产了一个头角峥嵘的永裕盐业公司(续)[J].海王,1928(9).

又一个多月过去了。直至 1926 年 2 月 12 日双方才签订协定。从
1922 年 10 月中国从日本人手里收回了青岛主权算起，到此恰好花
去 40 个月。签字之后，协定又不即日公布。又经历许多波折，6 月
1 日才初次和日本盐专卖局成交。

八、永裕盐业公司的事业在艰难困苦中起步

永裕盐业公司精盐输出的事业，从此才得着手进行。1926 年 7
月 24 日，第一回装盐的船到了青岛，这也是永裕盐业公司可以纪念
的日子。"区区一个小公司的事业，竟费如许光阴、劳力和金钱，无
非恶政治所赐。"①但后又因价格问题，永裕盐业公司营业受阻。为
了压低青岛盐价，日本官商合谋，一方面拼命扩充大连盐田，另一
方面令朝鲜停止由青岛进盐，给永裕带来了严重的经济损失。自
中标至 1928 年的 5 年间，日本由青岛进盐的数量仅及协议规定的
年平均额的 1/5。永裕盐业公司的经济困境概可想见。

永裕盐业公司接收伊始，开办经费、维修费以及预缴价款等花
销巨大。永裕盐业公司本想利用"青盐输日"的收益抵补，但事与
愿违，资金耗尽，完全丧失周转能力。当时只有两条路：一是要求
股东增资；二是向银行贷款。股东鉴于几年来企业遭难，完全丧失
经营信心，岂肯增资？ 至于银行方面，则由于公司原来的欠款尚且
无力偿还，遑论再增贷款。范旭东只有勇挑重担。他以天津久大

---

① 佚名.久大与胶澳盐业结合——生产了一个头角峥嵘的永裕盐业公司（续）
[J].海王,1928(9).

全部资产作为抵押,向天津金城银行息借80万元,使永裕盐业公司在绝境中得以延续下来,较稳定地发展下去。此后10年,永裕盐业公司克服种种困难,对日精盐输出也有所增加。其中的艰难困苦,笔难尽书。这从范旭东在第一届股东大会的报告中略知梗概:

> 公司10年来的经过,苦不堪言。近两年来,喘息稍舒,昭苏有待。在股东方面,自开办迄今,未获分厘官息,遑论红利!负执行全责者(指范本人)亦纯属义务,虽旅费应酬,均系自备。幸赖股东信任初无牵掣,俾得专志竭虑,以事因应。故虽困难万端,荆棘丛集,偕诸同人艰苦共奋,乃常引为欣慰,而自忘劳肄也。股东会理应早开,中间事故纷呈,洽议屡阻,亦实缘业务既无进展,集会徒滋扼腕,与其重诸股东忧虑,毋宁忍垢负重,俟告一段落之时为之,借以稍完使命之为愈也。①

范旭东及其同人为了国家利益,发展实业,呕心沥血,可叹可赞。

久大和永裕盐业公司在这次创业过程中,虽然遭受到国内外各种"恶势力"的重重打压,受创严重,但终于挺过来了。这就是了不起的胜利。正如"久大人"所述:"但是最后的胜利,还在我辈手里,只要我辈长此拿着这样的精神,向前途赶,那有甚么恶魔,是打不倒的啊!"②

---

①　中国人民政治协商会议青岛市委员会文史资料研究委员会.青岛文史资料:第九辑.中国人民政治协商会议青岛市委员会,1992:125-126.
②　佚名.久大与胶澳盐业结合——生产了一个头角峥嵘的永裕盐业公司(续)[J].海王,1928(9).

第三章

在青岛的耕耘和科技类文章

　　永裕盐业公司成立初期,分为永大和裕大两厂。永大承办 19 所制盐工厂,裕大承办回收的 6 万亩盐田。永裕盐业公司是当时青岛四大公司之一。范旭东为常务执行董事,李烛尘长期奔忙于天津、青岛,刘弗三、任致远主持公司业务。其后一段时间,主持永裕公司日常业务工作的主要是刘君曼经理。

　　1924 年 7 月,盐务总署将原日本人在胶州湾经营的盐业资产正式移交永裕盐业公司。李襄臣于 1925 年 1 月初被久大委派到青岛,初期任永裕盐业公司的盐田生产指导和土木工程师职务,后来担任滩务课长(相当于部门主任)。管理盐田建设和生产的滩务工作是盐业公司中最为辛劳、责任重大的工作。做好滩务工作,必须有广博而扎实的自然科学技术知识,如海洋学、地质地貌学、天文气象学、化学物理学、水利工程学知识,又要有脚踏实地、勇于实践的精神。这个职务的安排既是范旭东、李烛尘知人善任的体现,也契合李襄臣不求虚名要干实事、勇挑重担的志向。

李襄臣为人谦虚，淡泊名利，从不谈自己的工作成绩和获得的荣誉，且由于他战争年代的奔波和晚年时"文化大革命"等原因，绝大部分有关他的资料都丢失了。不过从《海王》旬刊中，我们还是能查阅到他的不少作品、事迹及有关盐业的珍贵记录。

一、《海王》旬刊及李襄臣发表的科技类文章

《海王》是"永久黄"团体主办的刊物，是中国最早的企业期刊。它以独特的风格和方式记载了"永久黄"团体的实践活动，反映了这个企业团体的科学救国思想和精神。《海王》1928 年 9 月 20 日创刊于天津，至 1949 年止，历经 21 年，出刊 20 卷，共 700 余期，发行量最多时有 6 000 多份，在我国企业发展史上具有重要的价值和意义。范旭东解释办刊的初衷是"互通信息，联络感情"。《海王》初期是 1 张 4 开的小报，号称 10 天 1 期，但由于缺乏专人管理，出刊很不及时。1932 年 9 月（《海王》发行的第 5 年），"永久黄"团体专门设立了《海王》编辑社，聘阎幼甫任主编，石上渠等任专职编辑。阎幼甫 1890 年生于湖南长沙，原名鸿飞，是同盟会会员、孙中山的拥护者，早年留学德国，毕业于柏林大学，曾任浙江省政府秘书长等职。1924 年任上海《中华周报》主编，后受范旭东事业的影响弃职加入"永久黄"团体，在青岛永裕盐业公司就职。1932 年 6 月，范旭东在塘沽设立"永久黄"联合办事处，任命阎幼甫为联合办事处主任，兼任《海王》的主编和发行人。阎幼甫身材魁梧、浓眉大

眼,性格和善可亲,文学和文字功底很深。阎幼甫任《海王》主编后始终有着高度的热情和责任感,即使是在最艰难的时日里也忘我地操劳,坚持办好《海王》。中华人民共和国成立后,阎幼甫曾任中央文史研究馆馆员。

李襄臣与阎幼甫结识,二人成为知己。以后虽然多数时间二人在异地工作,但他们及他们的亲属之间始终保持着亲密的联系。李襄臣与第一任夫人育有 4 个子女。这 4 个子女分别取名为李健秋、李健鸣、李健青和李健群,皆为 1930 年以前所生。阎幼甫为李襄臣与第二任夫人所生的 4 个子女起了名字,即除了保留族谱辈分中用的“健”字外,4 个子女分别取名“博”“学”“鸿”“辞”。在此,其很可能含有两方面的寓意:一方面是他对李襄臣博学及文辞卓著的赞许,另一方面也是对晚辈寄予发扬崇文尚学、崇尚科学精神的期许。然而,李健鸿在抗日战争期间,在驶往四川的江轮上患急病而不幸夭折。后来,李襄臣又有了一个女儿,起名“可”。

阎幼甫任主编后,《海王》开始改为 16 开的杂志,页数多数为 8 页或 16 页,最多时 1 期 40 余页,发刊周期为 10 天 1 期(1 月 3 期)。

《海王》旬刊的办刊宗旨是:(1)学术研究的公开讨论;(2)本团体消息的传递;(3)同仁精诚团结策进。但它的文章也不局限于此。编者力图使它成为一个综合性刊物,内容丰富多彩,庄谐并举,雅俗共赏,可读性强。《海王》既刊登科学论文、管理经验、时事评论,也有杂文、诗歌、游记及风趣的“家常琐事”,深受职工欢迎。自此,《海王》出版变得规范,影响力也逐渐增大。《海王》的作者多为“永久黄”团体内成员。侯德榜、范旭东、李烛尘、孙学悟、陈调甫、阎幼甫、刘嘉树、方心芳等企业负责人和技术骨干都先后在《海王》上发表了介绍科技和工业发展前沿的文章,不仅为普及科学文化知识做出了贡献,也对"永久黄"团体的发展起到指导作用。因《海王》影响日大,社会各界名流投稿踊跃。《海王》仅第 9 年(卷)就发表了社会上知名人士,经济学家何廉和马寅初、报人王芸生、化学家陈聘丞、农业学家董时进、地质学家章鸿钊、动物学家秉志、植物学家胡先骕等的有影响的文章 10 余篇。①

李襄臣对于《海王》也是有感情的,这从他在《海王》1934 年新年特刊上发表的《恭贺新禧!》一文可以看出。他也是企业办刊的发起人之一。在《海王》正式创刊前,"永久黄"团体内就办过一些小报。李襄臣在文中回忆道:"回溯海王,在民国九年的新年,由几位爱作文字游戏的朋友,用手写石印发行消闲报一张。当时因这落地一声的小报,成就了一位美满眷属,这已经就值得一贺! 以后几经奋斗,变而为《久大》旬刊,而《友声报》,而成为今日之《海王》旬刊,文字日进,编幅日增,内容日富,这不更值得可贺么?"②

青岛永裕盐业公司度过了最为艰难的几年,工作有了起色,开始稳定发展。自 1933 年起,李襄臣就以"凝""襄"等笔名踊跃为《海王》写稿。其所写稿件的内容很广泛,除了科技文章外,也有杂文、游记、时评、诗文等。

1934 年范旭东在《海王》刊出《为征集团体信条请同人发言》一文,动员全体同人积极发表意见。在广泛征求意见后,经过认真讨

① 陈歆文. 中国化学工业的奠基人范旭东[M]. 大连:大连出版社,2003:121.
② 凝. 恭贺新禧![J]. 海王,1934(新年特刊):14.

论,"永久黄"团体确立了"四大信条":"(一)我们在原则上绝对的相信科学;(二)我们在事业上积极的发展实业;(三)我们在行动上宁愿牺牲个人顾全团体;(四)我们在精神上以能服务社会为最大光荣。"

"四大信条"为巩固"永久黄"团体起到了精神支柱的作用。范旭东早在20世纪30年代就努力培植"永久黄"团体的企业文化、企业精神,并用来凝聚人心、推动企业发展。这不仅在中国,就是在当时世界上也是超前的、富有创新精神的。

这"四大信条"于1934年9月20日在《海王》第7年第1期上刊出,从1935年1月1日起在《海王》每期首页的醒目位置上均出现。"四大信条"的公开发布,在社会上造成很大影响。许多学术界、教育界和新闻界的人士开始关注"永久黄"团体,也开始关注《海王》。

实际上,李襄臣自加入"永久黄"团体起,就一直受到这个团体的爱国主义精神和民族责任感的激励,而他一生也始终在努力践行和宣传"相信科学""发展实业""顾全团体""服务社会"这些精神。前些年,有研究者统计过各作者在《海王》上发表的科技文章的数量。其中,署名为"凝"的作者排第4位,发表科技文章39篇。① 其实"凝"只是李襄臣在《海王》上用得较多的笔名。此外,他的作品也常用"襄"署名,偶尔他也直接署名李襄臣。团体内除了和他熟悉的人外,知道"凝"和"襄"就是李襄臣的人不多。因此,李

① 叶青."永久"团体的《海王》旬刊及其科技文章[J].中国科技史杂志,2006,27(4):311.

《海王》第6年第4期首页(正中图片为永裕小港工厂全景)

近年以來，北平市面蕭條，生活費用，日益增高，中產之家，有祭天之願者，多不能盛事鋪張，而變通其辦法：以一二元購豚豬一頭，於尾部繫以鞭爆，院中供設則如前，而於深夜，引豬至街門外，燃其尾部鞭爆，豬受驚狂叫而馳；主家不問所之，而附近街坊，事先已探知「祭天」之事，此時爭相邀獲小豬，一時呼「曬」聲，吆喝聲，與夫鞭鳴豬叫，異鄉之人，午夜夢回，聞此「陣仗」，倍覺真切，每不明其「土地堂」也。

本團體信條

（一）我們在原則上絕對的相信科學

（二）我們在事業上積極的發展實業

（三）我們在行動上寧願犧牲個人顧全團體

（四）我們在精神上以能服務社會為最大光榮

而且因為這個是實際的團體生活規律，發動於團體分子之內，所以相信本團體內各個分子無論工友職員，一定都樂於遵守。無庸筆者多說。現在把應徵團體信條投稿各文，揭載一部份於后，以供衆覽。

▲效率！親切！

無。

自本刊第六年第十九期發表徵集團體信條一文稿後，同人都感覺得這種提議的重要，相繼惠稿者很多，因為當時限期發出的時間太促，我們先後收到，職員工友都有，琳瑯滿目。關於團體信條的稿件，所以展限至本期彙齊參訂披露。不過，其中有好些是關於個人⋯⋯美不勝收，⋯⋯紙，⋯⋯

在《海王》上公布的"永久黄"团体信条

襄臣发表的科技文章数量远不止于此。他发表的科技文章可分为三类：一是他的盐业工作报告、调查研究报告以及区域性盐场自然环境、发展历史、生产方法和管理等研究的综合论述；二是阐述依靠科学知识和技术、尊重人才才能办好实业、发展工业生产的思想观念；三是自然科学和新技术的知识。

《海王》第 7 年第 31 期(久大 20 周年纪念特刊)封首

二、盐滩的重建和发展

1936 年李襄臣在《海王》上发表的《胶州湾盐业》第一章第一节中关于盐田创始沿革有以下简述：

> 至民国十二年，胶州湾国土重光，日人盐田依据接收条约，均为吾政府所收购，以后此项盐田招商承办，停顿三年。日人当时所设盐田之为潮雨所冲损者半，为沙土

所掩埋者半。十三年七月九日永裕公司得承其产业,当年拮据经营,修复四万余亩,数年虽以输出停顿存盐过多,盐价低落,营业因以不振,然亦年有修复,至民国十九年,因连接两年之歉收,盐价复涨,如是胶州湾盐业复现活跃,人民之新请求开设者四十余付,迄今已超过原有之数,合计全区之斗子数已达二千副焉。①

可以看出,永裕盐业公司 1924 年 7 月才得以承接胶州湾的盐产业,之后面临资金短缺、输出停顿而存盐积压及盐价低落等诸多困难,几乎被逼进了绝境。在这样的境遇下,永裕盐业公司并没有倒下。公司同人没有低头,反而下定了长期奋战的决心。正如 1934 年《海王》新年特刊中《永裕盐业公司之今昔》一文所述:"……在永裕过去的事实,虽不免令人隳心,令人志短。然而同仁莫不一往直前,精神奋发,由这一点,我可以祝其将来一定成功的……"②这也就是"永久黄"团体的创业精神。一方面,范旭东、李烛尘积极设法开拓市场;另一方面,他们利用有限的资金,逐步修复盐田。

根据 1933 年李襄臣在《海王》上发表的《永裕滩务情形》一文可以知,1924 年永裕盐业公司接收的胶州湾盐田面积不小:

东起沧口,西至薛家岛,计有沧口、女姑、皂户、海西河东、海西河西、南万、下崖、程哥庄、孙哥庄、罗家莹子、

① 凝.胶州湾盐业[J].海王,1936,8(18):296.
② 佚名.永裕盐业公司之今昔[J].海王,1934,6(新年特刊):6.

东莹村、海庄、红石崖、韩家庄、东大洋、萧家庄、马哥庄、张哥庄、王家庄、赵孙岭、河套、小石头、车家岭、薛家岛等二十四区,绵亘一百八十余里,斗子一千余付,面积五万八千余亩,其外许可开设之地,尚未在数列之中。①

但是这些盐田实际上几乎是一个烂摊子:

> 胶澳盐田,开创之历史甚浅,其构造纯效法金口,初时多小规模之晒制,迨至日人占领后,始有大规模之盐场。其历史浅也,故其经验少;其经验少,故其法不尽良。其规模小也,故其位置及构造太杂,过杂则全盘之布置不尽善。日人经营后,虽极力扩充,其构造不免仍从旧观,而且,只求充数,不论美恶,并蓄兼收,位置过低,易被潮毁,加之接收之时,交涉经年,所有盐场,坐令荒芜,故公司接收以后,颇费处理……②

在这种情形下,滩务工作主要是重建和经营盐场。公司同人发挥自力更生、艰苦奋斗的精神,从实际情况出发,进行科学合理安排,使得公司由出租盐田,逐步发展为自晒盐。1925 年永裕盐业公司初创之时,所有盐田全部出租。1926 年永裕盐业公司开始在下崖区设自晒盐场(斗子数共 34 副),以后自晒盐场的斗子数量逐年增加。至 1933 年,公司自晒盐场的斗子数有 500 余副,设海西、下崖、南万、程哥庄和萧家庄、东莹一场、东莹三场、海庄等 7 个办事

---

① 襄. 永裕滩务情形[J]. 海王,1933,6(1):6.
② 襄. 永裕滩务情形[J]. 海王,1933,6(1):6.

处（表1）。每年工人名额1 000名。按当年公司所有自晒盐场面积计，则平年可产自晒盐约5万吨，丰年可产约7万吨。

永裕灘務情形

蔣襄·

膠澳鹽田，開創之歷史甚淺，迨至日人經營後，始有大規模之晒製。其橋造純效，故其法不盡良。驗後顧其位置，而且只求充實擴充，易被潮毀，遂令荒蕪，故公司之接收之時，並蓍其規模小也。

交涉經年，頗費處理，而所有鹽場，坐令荒蕪，差具成績，茲以本公司鹽務情形紀略於後：

一、鹽田面積。本公司鹽田，東起滄口，西至薛家島，計海西河東、海西河西，東有滄口、下崖、女姑、皂戶、程哥莊、孫哥莊、羅家登子、東萬、下崖等處。

二、自晒場數。民國十四年公司初創之時，所有鹽灘均為租民，後因鹽價低落，而所繳租者無力繳納租金，租金極有限，部份租民，自晒鹽場近四萬餘元，至本年止，其租場之斗子為一百六十八付一通（每付斗子四分之一為一通），自晒鹽場斗子數已達於極點也。

三、自晒鹽場斗子數。民國十五年，公司自晒鹽斗子僅三十四付，嗣後設辦公處七處，歷年所晒之斗子數，每年有增加，迄今已達五百餘付，設辦公處七處，歷年所晒之斗子數，如下表：

登村、海莊、紅石崖、薛家莊、東大洋、蕭家莊、馬哥莊、張嶺莊、趙孫嶺、河套、小石頭里、車家嶺、薛家島等二十四區，綿亘五萬八千餘，許可開設之地，斗子一千餘付，面積五萬八千，尚未在數列之中。

年份 自晒場數	海西	南萬	下崖	程哥莊 蕭家莊	東一登場
十五年份	三四		三四	四五	
十六年份	三四		三四	四五	二一
十七年份	六八付		三五	四五	三四
十八年份	六八付		三五	四五	三六
十九年份	六九付		四一	六〇	三六
二十年份	六九付	三七	四一	六四	五六
廿一年份	七七付	三七	四一	七八,五〇	七七
廿二年份	八七二五付	四〇	四一	七八,二五	七七

《永裕滩务情形》一文首页

表 1　1926—1933 年永裕自晒盐场斗子数(单位:副)①

	海西	下崖	南万	程哥庄、萧家庄	东莹一场	东莹三场	海庄	合计
1926 年		34						34
1927 年		34		45	21	51		151
1928 年	68	34		45	34	89		270
1929 年	68	35		45	36	89		285*
1930 年	69	41		60	36	89		323*
1931 年	69	41	37	64	56	89	54	410
1932 年	77	41	37	78.5、8.0	77	89	54	457*
1933 年	87.25	41	40	78.5、10.25	77	99	74.5	507.5

＊该年合计数与各处的实际产出之和有出入,原文如此。

　　为了适应之后制盐厂生产发展之需要,1933 年,公司又呈稽核所增修 240 余副,分年修复,"预计自产之量,适可自给自足"。公司积极发展自晒盐的方针,虽然给滩务工作增加了许多技术和管理方面的任务,但从《永裕滩务情形》一文和其他一些记载可看出,可解决以下几方面的问题。

　　(1)接收盐滩后的最初几年盐的销售困难,盐价低落。出租盐田给盐民后,公司往往难以回收租金。而对盐民来说,在这种情况下选择成为公司的盐工,其收入也显然会比自己经营盐田风险小,

　　① 　裹. 永裕滩务情形[J]. 海王,1933,6(1):6. 数据来自《永裕滩务情形》。原文有备考:"萧家与程哥庄共一办公处,其斗子数原为二十付,后改作十付通。"

稳定得多。

（2）采用公司自晒盐方式更便于对盐场进行合理的布局、改造和重建。例如，为降低成本、提高产量，公司曾将500余副斗子合并为390余副，使成本每年减少2万余元；又如，对自晒盐场的结晶池，采用历年加垫沙的方法，使产量增加；再如，公司1926年的日志有记载，该年的11月，"范旭东、万子玉、袁道冲、文公信、潘君颐、杨子南、李襄臣、刘阜南、孙汝为等九人，下南万视察工厂及公司自办之四十一副斗子盐田。南万工厂无恢复之望，惟四十一副斗子盐田，新用风车抽水，明年当大显成绩"①。使用风车自然能大省人力并提高效率。这些措施在当时仅靠出租盐田是难以实现的。

（3）当盐的销售旺季到来之时，若自晒盐的产量满足不了上公司制盐厂生产精盐的需求，制盐厂需要从外部市场上购买，则市场盐价会上涨，制造精盐的成本会明显升高。实际上，1930年前后，盐的输出已逐渐增加，当《永裕滩务情形》一文成文时，对胶州湾盐的需求，"已大有求过于供之势"②。由此可以看出，发展自晒盐的决策是有预见性的，在永裕盐业公司的发展过程中起着重要的作用。

在极端困难的条件下，永裕盐业公司的同人，上下一心，没有坐等，而是勒紧裤带，扎扎实实搞好基本建设。58 000余亩盐田，接收后当年就修复4万余亩，而且在以后数年中，虽"输出停顿存盐

---

① 青岛永裕盐业公司. 青岛永裕盐业公司档案：私人日记及杂记［A］. 青岛：青岛档案馆，1926：qdB0062001007130002.

② 襄. 永裕滩务情形［J］. 海王，1933，6（1）：6.

过多,盐价低落,营业因以不振",但"年有修复"。① 这本身就是了不起的成就。这样的志气和精神,一般的工商企业显然是做不到的。也正因为打下了这样的基础,才有 20 世纪 30 年代中期青盐的崛起,使山东的盐产量跃居全国第一位。

永裕盐业公司发展自晒盐的目标主要是满足以后本公司制盐厂生产发展之需要,"预计自产之量,适可自给自足"②。这是合理的。然而,没有必要,也不适合都搞成公司的自晒盐场。在满足本公司制盐厂生产发展需求之余,对一些盐场进行初步修整,将其以优惠的条件租赁给盐民经营,并在工艺技术、物质及销售渠道上给予盐民支持,这样只要市场形势好转,胶州湾盐业就能蓬勃发展起来。

因此,在分析和评价永裕盐业公司接收胶州湾盐业后,在 20 世纪 30 年代所取得的成就时,不能只依据后期永裕盐业公司自晒盐场斗子数与日本人移交盐田斗子数的简单比较结果。首先,如前所述,盐场斗子数的多少不代表经营面积的大小,更不代表盐产量的多少。例如,1933 年以前,李襄臣就已将部分小盐田合并为较大的盐田,使盐田的斗子数大为减少,降低了成本,提高了产量。其次,自晒盐只是永裕盐业公司经营盐场的方式之一,创造条件使盐民租赁盐田而有利可图,鼓励更多盐民发展盐业,也是永裕盐业公司经营盐场的一种方式。

---

① 襄.永裕滩务情形[J].海王,1933,6(1):6.
② 襄.永裕滩务情形[J].海王.1933,6(1):6.

三、精盐工厂的发展和市场开拓

这个时期,永裕盐业公司制盐厂的重建工作进展较快。永裕盐业公司集中在两地——小港和台西修建了制盐厂。由于有久大制盐厂的技术经验和设备支援,建厂工作顺利。原设计产额每年156万担。工厂共设职员24名,工人117名;厂内设备有洗盐机2部、抽水机8部、打盐机3部、装盐机10部、真空罐4个、离心机6部,并有马达8具,车床、钻床、磨床各1部,产品为精盐、粉碎盐及洗涤盐。永裕盐业公司生产加工的盐共有3种:开口锅熬制的再制盐,洗盐机洗涤的洗涤大粒盐,先用洗盐机洗涤、再粉碎的洗涤粉碎盐。1931年国内12家精盐公司中,只有两家公司具有洗盐机、粉碎机和开口锅同时生产此3种加工盐。其余10家生产的精盐均为熬制的。精盐的熬制过程大致如下:将粗盐先溶解成饱和卤水,卤水经沉淀除去杂质后,再用平底锅熬成精盐结晶。精盐的洗涤过程如下:将原盐先用打盐机碾碎,送至洗盐机(有时原盐不经碾碎,直接被送入洗盐机);再用搅拌器将原盐与卤水饱和混合,进行洗涤。原盐经过"粗洗"与"细洗"两阶段,除去所含的杂质。洗涤后的盐沉于桶底,经输送机送至离心机,脱去水分,再送至仓库储藏,待干燥后即可打包。这类加工盐,在20世纪20年代习惯上称精盐或洁盐。1946年10月23日,南京国民政府财政部盐务总局规定:再制盐是指粗盐溶解后,再精制而成之盐(即之前的精盐);洗涤盐是指粗盐经卤水洗涤,除去一部分杂质后色白洁净之盐(即之前的洁盐);对以前的精盐、洁盐等名目应予取消。永裕盐业公司是以原盐为原料加工制成再制盐、洗涤大粒盐和洗涤粉碎盐。①

真空罐法是日本研制出的一种新的生产再制盐的方法,系利用真空蒸发原理,将纯净盐卤导入真空罐内,使盐卤于低压高温的条件下结成精盐。关于真空罐法在中国的使用,宋志东据 1935 年的《财政年鉴》记载为:"我国使用真空罐制造法生产精盐的厂家只有山东永裕公司和上海五和公司两家,永裕公司代表了山东精盐制造的水平,当时在全国处于领先地位。"②不过,据《青岛市志·盐业志》记载,当时"虽然青岛永裕盐业公司有国内唯一的真空罐制盐设备,但因技术设备不过关,从未生产出产品"。直至 20 世纪 50年代公私合营后,青岛的制盐厂才实施真空制盐新技术。③

永裕盐业公司制盐厂 1925 年 2 月正式开工生产,1925 至 1928年平均每年实产精盐 9.7 万余担,1931 年实产 10.2 万担,1933 年实产 15.8 万担,1934 年实产 18.3 万担。产品多出口日本,但后来日本从旅顺、大连等地购置精盐,致使永裕盐业公司的精盐产量始终未达到原设计的数额。即使这样,1937 年永裕盐业公司年产精盐16.6 万担,占全国八大精盐公司总产量的 18%。其所产精盐除出

① 青岛市史志办公室.青岛市志·盐业志[M].北京:中国大百科全书出版社,1996:79-80.

② 宋志东.民国时期山东盐业生产管理研究[J].盐业史研究,2008(1):6.

③ 青岛市史志办公室.青岛市志·盐业志[M].北京:中国大百科全书出版社,1996:78-80.

口日本外,还行销于无锡、镇江、济南、宿县、涡阳、蚌埠、上海、南京、芜湖、岳州、常德、宜昌等地。1930 年,永裕盐业公司精盐销量为 98 604 担,1931 年销量为 89 478 担,1932 年销量为 152 925 担。①

永裕盐业公司制盐厂的生产,也带动了山东乃至全国的盐质检定管理,并促进了精盐产品质量标准的提高。根据《鲁案细目协定》,凡由青岛输出日本的盐须经检定员检定合格,这是青岛盐质检定的法律基础。当时,山东只有青岛设有盐质检定机关,即青岛盐质检定所。山东盐质检定机关的设立在《盐质检查规则》颁布之后,国家设立盐质检定机关之前。因此,山东的盐质检定走在全国的前列。

1930 年 6 月,山东盐运使向永裕盐业公司转发了盐务署的训令,要求其改善精盐质量。训令的主要内容如下:"查各精盐公司良窳不一,亟应规定标准,俾资改进。惟吾国幅员广阔,原盐组成各有不同,加以工业幼稚、技术未精,若令准照各国上等盐,所含盐化钠成分一时遽难企及,自宜逐渐改良。现经规定临时、永久两种办法:其临时办法,应自十九年七月一日起至二十年六月底为止,以一年为限,暂定精盐中盐化钠成分在九十二度以上;其永久办法,俟临时期满,实行所有精盐中盐化钠成分在百分之九十五以上以为标准成分,如不合规定者,应令重行改制,以符法令。"②永裕盐

---

① 山东史志办. 民国时期山东的盐业生产[EB/OL]. (2008-11-18). http://lib.sdsqw.cn/history/beiyang/200811/article_11156.html.

② 山东盐务管理局全宗档案 J112-12-0548:山东盐务管理局关于战前精盐额产率、精盐公司登记卷。

业公司生产的精盐质量一直是优良的。山东盐政当局在评价永裕盐业公司此前所产精盐质量时说："查公司所制精盐中盐化钠成分,常年平均分析约在百分之九十四度上下。天气干燥,成分在百分之九十四度以上;如遇潮湿,成分亦在百分之九十三度以上。核与现在财政部规定精盐标准成分,实有过之而无不及。"另据1930年7月17日的呈报,经青岛盐质检定所检定,永裕盐业公司生产的精盐中氯化钠的含量就已达到95.31%。①

可见,永裕盐业公司生产的精盐质量很高,超过盐务署规定的标准,是山东精盐生产的一大进步,对全国的盐业发展也有很大的影响。因此,尽管由于日本购买青盐的量未达到中日协议的数额,永裕盐业公司的精盐产量一直未达到原先设计的规模,且不确定当年是否已将真空罐制盐法应用于常规生产,但是可以认为,永裕盐业公司开创的精盐生产已成为山东盐业近代化的重要标志。青盐出口日本,则开创了国人自制精盐外销的先河:"中国产盐能成为国际商品,以永裕为嚆矢。"②1936年四五月,李襄臣在日本考察酱油酿造业期间,问及所用永裕盐业公司生产的精盐质量时,野田酱油工厂的人答曰,与日本人制作的"关东州"盐无任何差别。

在盐田、工厂修整、重建和恢复生产的同时,范旭东、李烛尘等"永久黄"团体的领导在为开拓国内市场积极地奔波。据章执中回忆,汉口信孚盐业运销公司就是为销售青岛永裕盐业公司所产精

---

① 山东盐务管理局全宗档案 J112-12-0548;山东盐务管理局关于战前精盐额产率、精盐公司登记卷。
② 李玉. 范旭东与"永久黄"集团的企业文化[G]//曾凡英. 盐文化研究论丛:第一辑. 成都:巴蜀书社,2005:36.

盐而设立的。1926年,国民革命军进入长江流域,武汉成为国民革命军前敌总指挥部驻地。后来,国民政府迁到武汉。当时,长江下游仍在军阀孙传芳盘踞下,与国民革命军形成对峙态势,九江航运不时受到威胁,鄂、湘两省贩运食盐困难,直接影响民生,间接给靠税收维持军政开支的国民政府增添了很大的压力。范旭东通过谭延闿的介绍与宋子文见面商谈,拟在汉口设立公司,将青岛永裕盐业公司所产精盐运输到武汉销售,以供民食,且利税收,获得宋子文的同意。但宋子文提出一个条件:先垫缴盐税。几经交涉,最后达成协议,由信孚公司先筹缴盐税100万元,以后在运销的青盐税款中扣除已缴部分归垫。因青岛被日本占领,信孚公司不再向处于崩溃边缘的北洋政府缴纳盐税,而将青盐交外商货轮直接运往武汉,或经上海租界转运至武汉,然后分途运往湖北、湖南各口岸销售。仅在1927年上半年,信孚公司就运输销售青盐近30万担,基本补上了受战争影响而在市场上出现的食盐缺口。这一举动实际上也对北伐战争起了一定的积极作用。① 此外,在上海、湘潭、南京、江西等地设立经理处与销盐处,向南方各省运销永裕盐业公司生产的精盐。此后数年,国内精盐市场得到进一步开拓,青盐输日数量也有所增加,永裕盐业公司盈利状况明显好转。

---

① 章执中. 爱国实业家范旭东[G]//全国政协文史资料研究委员会、天津市政协文史资料研究委员会《化工先导范旭东》编辑组. 化工先导范旭东. 北京:中国文史出版社,1987:37.

四、青盐的崛起

永裕盐业公司在久大的支持和协助下,在全体同人的努力下,在发展青岛盐业的事业上做出了很大成绩。

从 1926 年至 1932 年,永裕盐业公司除年均向日本输出原盐763 911 担外,还通过上海、湘潭、南京、江西等地设立的经理处与销盐处,向南方各省运销自产精盐。

根据《永裕公司之今昔》一文,1933 年永裕盐业公司的产销数目见表 2 和表 3。①

表 2 1933 年永裕盐业公司产收之部产出情况(单位:司马担)

本年自晒	上年存盐	本年收入	合计
1 009 600.00	823 397.04	384 283.70	2 217 280.74

表 3 1933 年永裕盐业公司运销之部销售情况(单位:司马担)

运销国外	865 543.08
运归德	12 000.00
运宿涡	42 235.50
运鄂西	66 495.00
运精盐	169 092.00
合计	1 155 356.58

---

① 佚名. 永裕盐业公司之今昔[J]. 海王,1934,6(新年特刊):6.

由表 2 和表 3 可以看出，1933 年永裕盐业公司自晒盐产量已超过 100 万担，加上当年所出租盐田等的收入，共有盐近 140 万担；而当年运销的精盐已近 17 万担。1937 年抗日战争全面爆发，"永久黄"团体西迁四川。这时范旭东电告永裕盐业公司会计课副课长迟谦若赴南方各口岸的代销店收缴欠款，共收得 40 余万元。此笔款为"永久黄"团体在大后方创建新事业助了一臂之力，甚至可以说起到了雪中送炭的作用。这是那一代"永裕人"引以为荣的成果。毕竟，他们是在被日本侵略者、腐败政客、军阀和地方封建恶势力逼迫得几乎处于绝境的情况下忍辱负重，不屈不挠地奋斗，才终于站立起来，在胶州湾创立了自己民族的制盐基业的。

在永裕盐业公司建设盐田、发展生产、积极开拓国内外市场的基础上，胶州湾的民间盐田建设也迅速发展。到 1937 年，胶州湾盐田的斗子数已达 2 040 副，合 68.87 万公亩①，盐民约 4 200 人，年产原盐 500.67 万担。虽然盐田的斗子数比德占时期的 900 副仅增长 1.3 倍，但是产盐量提高了 6 倍以上。1934 年至 1937 年，胶州湾盐场盐产量为 2 205.76 万担，约占山东省同期盐产量 3 661.68 万担的 60.24%。② 1936 年胶州湾盐田盐产量为 4 848 055 万担，占山东省同年盐产量的 68.86%。而从全国范围来看，自从永裕盐业公

---

① 1 公亩＝100 平方米。

② 青岛市史志办公室. 青岛市志·盐业志[M]. 北京：中国大百科全书出版社，1996：78.

司接管了胶州湾盐业以后,至 20 世纪 30 年代,山东盐业就有了较大的发展,盐产量逐渐跃居全国第一位。1933 年山东盐产量超过930 万担,约占全国盐产量的 21.6%,居全国首位。[①] 随着永裕盐业公司制盐厂成为全国精盐生产的大户,至 1937 年,青岛的盐业已在全国的盐业中名列前茅,青岛成为重要的盐业基地。

这些成就,与暗中受日本人支持的地方封建恶势力所诬陷的永裕盐业公司"垄断青岛盐业""压迫盐民"的情况完全相反。事实表明永裕盐业公司在胶州湾的奋斗创业不仅为当地民众带来了就业谋生的机会,而且树立了修建盐滩的样板,传播了建滩制盐的新工艺和科技知识。李襄臣撰写了一些有关晒盐方法和改良胶州湾原盐产量和质量的文章,其大部分内容对广大盐民都有启蒙和借鉴作用,有些内容还是特地为盐民提高所产盐的质量而作的。永裕盐业公司竭力开辟的原盐销售途径和市场,以及制盐厂的投产对于胶州湾原盐生产更有促进作用。在这样的形势下,民间自然掀起了盐生产的高潮,民办的盐田数量和产盐的效率倍增,广大盐民受益。这其实也是"永久黄"团体所期待的。另外,永裕盐业公司也一直坚持着"永久黄"团体努力保障职工福利待遇的传统,盐工、盐民的基本生活和劳动条件都有保障。就拿永裕盐业公司制盐厂职工教育来说,1933 年 9 月《海王》上刊登的一则消息称:"永裕工厂职工学校,暑假后,新聘一主任教员孙履祥君,北平朝阳大学毕业生也。据云该教员学术湛深,经验宏富,将来对于校务,不

① 陈新岗,张秀变. 山东经济史[M]. 济南:山东人民出版社,2011:260.

能不力求整顿,热心教授。吾不禁为一般工友们额手称庆,特恐庞士元非百里才耳。"很难想象,一个刚从泥潭中挣扎出来,还在重重困难中前行的私营企业,竟然会以如此高度认真的态度,不惜花费精力和资金为工人办学。"永久黄"团体对待职工的态度可见一斑。由此也可以看出,这个团体的确不是一个只为自己谋私利的企业,"救国为民"和"服务社会"的理念始终是这个团体的精神支柱。

永裕盐业公司设在青岛小港的工厂全景

永裕盐业公司设在青岛台西的工厂

设于青岛冠县路的永裕盐业公司

五、往事二三

盐田建设者奔波在广袤滩涂上，备尝艰辛，有时甚至会遭遇风险，但也有克服困难、取得进展的欣慰和对未来的信念。1928 年 10 月《海王》上刊有《记李襄臣君的幸运》一文，记述了盐田管理工作中的一个小插曲：

闻说这次幸运的事，是在十月三日早晨四点钟发生的。二日下午李先生乘小火轮往东营盐场，我们公司有东西两办事处在这个地方；午后五时抵东办事处。秋后鱼肥，此时正是盐场打鱼的时候，恰好晚餐捉了两碗活跳的鱼虾。回想从前常年的盐浸萝卜丁，正是长短相形，这又够多么香甜！饱餐之后，精神十倍。这盐场经我辈整理以来，产量大有进步。正计划来年将池底垫好，使盐色上再改良改良，脑海里充满了无穷的希望！一梦黄粱，不觉得已到了四点钟。同事宁先生低声呼唤穿衣！走！！打点一会，赤着脚套上靴，往外放步就跑。出门刚到几步，耳边只听得乒乒的枪声。那时村庄①上的幸运大概早已开了端！人们那里敢再走正路，只得伏着身子在沟里

---

① 指西办事处那边。

乱跑。但是死路一条！设若这海边不遇着涨潮的时候，那里有船给人们逃生呢？当时也不管这些，还是死命的向前跑。随后逃来一个盐警，才知道验放处遭了土匪。本地的缉私队、滩务员、验放员和我们西办事处，原来同住一个院落，非常危险。事后检查，知道队兵受伤的四名，枪支被抢去了不少，验放员司受伤的一人，银钱家物都奉送了！我们场中司帐金先生也被光顾两下！六点来钟，听他们放一排枪掌号扬长而去，村民奉送如仪。李先生说，设若这次睡在西办事处，恐怕至少也要受一两枝雪茄烟孝敬，觉得没有躬逢盛会可惜！确是正当其事的同人，都说这种孝敬不好受，不过难在不幸之中，还没有人受重伤。这是我辈远在千里之外的同事最为庆祝的！①

1933 年以前那段时间，既是李襄臣为永裕盐业公司开发胶州湾盐业而辛勤劳作的岁月，也是他家庭生活中遇到一些不幸的时期。李襄臣的第一任夫人长年患病，并于 1932 年 6 月 1 日不幸去世。其实，自从李襄臣参加工作以来，其家里的经济生活就有了根本的改善。他将节省下来的钱用于孝敬父母和资助困难的亲友。其勤俭的父母有了积蓄，买回了祖上在湖南老家"株树山"的一处房子，又买了 3 亩多地，改变了家里穷困的状况。也正因为这样，李襄臣自己没有多少积蓄。1932 年夫人巨额的医药费使其在经济上

---

① 佚名. 记李襄臣君的幸运[J]. 海王,1928,1(4).

陷入困境。另外,夫人的去世也使他精神上受到打击。但他在工作上始终认真负责、兢兢业业,因此也一直受到同事的尊重和和公司领导的关怀。当范旭东得知李襄臣夫人去世的消息后,特写信表示关怀并给予资助。信的内容如下:

迳启者:

　　潍务课长李君襄臣之夫人病没青岛,至为不幸。闻李君遭此次丧事及因其夫人久病缠绵所耗医药等费,除同人极力赙助外,亏累颇巨。尤为系念李君在公司任职有年,平日办事认真、成绩斐然,况此次变故非由自致。未便坐视其勤劳职任外,既深伤悼之感,更忧债务之迫。兹由鄙人赙赠贰百元,永裕公司赙赠肆百元,另由久大公司垫借肆百元,俟将来由李君设法偿还。俾积久一清,得以一意致力任务。即烦照办,分别转账为荷。

　　　　　　　　　　　　　　　　　　　　此致

　　　　永裕盐业公司　常务执行董事范旭东启

　　　　　　　　廿一年六月廿日

　　范旭东不仅在工作上重用、在生活上关怀李襄臣,也注意培养他的组织管理和交际能力。虽然李襄臣的文笔不错,但他不善言谈和交际,又有一口湖南乡音。范旭东会特意安排李襄臣参加一些活动。例如有一年要在青岛开一个重要的会议。会议上除了"永久黄"团体较高级别的领导外,还有外界一些头面人物为嘉宾。范旭东却安排既不是经理,又不是公司主要负责人的李襄臣,代表

逕啟者灘務課長李君襄臣之夫人病歿青島至為不幸聞李
君遭此次喪事及因其夫人久病纏綿所耗醫藥等費除同人
極力贈助外虧累頗鉅尤為系念李君在公司任職有年平日辦
事認真成績斐然況此次□變故非由自致未便坐視其勤勞職任
外既深傷悼之感更愛債務之迫茲由敝人贈貳百元永裕公司
轉贈肆百元另由久大公司墊借肆百元俟將來由李君設法償還倩
積負一清得以一意致力任務即煩照辦分別將賬為荷此致
永裕鹽業公司　　常務執行董事范旭東啟　世年六月廿日

范旭东给永裕公司的亲笔信

永裕盐业公司致欢迎词并介绍公司的情况。李襄臣接到任务后有些发怵，但认真准备了讲稿，并用几天时间大声朗读和背诵。会后范旭东高兴地夸奖他讲得太好了！

六、考察思考与笔耕

李襄臣不仅在永裕盐业公司滩务工作中做出了明显成绩,而且勤于笔耕、善于思考总结。在他的工作表册和记事本中,事无巨细都有翔实的记载。他还尽可能地利用外出考察之机,收集有关资料,进行分析比较,再将所得应用到实践中。

(一)《大连纪游》

1933年7月28日,李襄臣同沈舜卿、唐汉三赴大连了解日本人经营的盐业,参观了旅顺试验场、双岛子大日本盐业洗涤工厂、大房身盐田试验场、貔子窝盐场,以及"满洲博览会"。李襄臣在当年9月的《海王》上发表了《大连纪游》一文,记述了此行的观感。该文主要有三部分,摘录如下:

一、旅顺试验场

该场关于天日晒盐之试验,分类甚多。其结果,可供吾人之参考者有数则:

(1)蒸发地中,海水深度之试验……其结果,以一寸半深者为最佳,其成绩较之其他深度之地,可增产额十分之一。

（2）各种池底之试验……其中以极细之砂四成与粘土六成者，为最佳。蒸发池，亦以垫砂压紧合宜……盖垫砂质之优点，下雨后容易干燥，普通泥地，须俟三天后方可压池。垫砂后，一日即可加压，且其盐色洁白，产量亦较富。

（3）结晶池中，海水浓度之试验；其结果，二十四度至二十八度为最优，三十度以上即不能用……弃之不独不为可惜，且可多出盐量，分析成绩亦良……

（4）参加重金属矿石之结晶试验；于卤台中加锰铁等矿石粉，由此而结晶之盐，质重而纯。惟盐色不免稍黑……

二、貔子窝盐场

该处新开盐田面积甚大，一切工作，尽量机械化……新场之构造，蒸发池与结晶池分开，结晶池完全集中于一处，结晶池之中央，用铁筋洋灰作六尺深池子数十个……天雨时，亦可将结晶池中卤水放入，以防雨水稀释，故其理想，颇称合理化，惟费款达二十余万元，本年因系初创，尚无成绩可言……

貔子窝，新建一洗涤工厂，现在停工，据云与双岛湾一式，讳莫如深，未克参观……

三、"满洲博览会"

"九·一八"以后，吾东北四省（辽宁、吉林、黑龙江、热河）已入日人掌握之中。中国不能抗，世界不敢抗。如

是日人以日满和协为口号,而遂其侵略之野心。一般走
狗汉奸,不顾其后世子孙有无立足之地,而亦甘心附和,
故有此次"满洲博览会"之设。会中陈设,纯为日本本国
制品,间或有东三省之皮毛豆麦等农产物,亦均为日人之
经营物……

　　会场……分四十余馆,除各制品农产品外,有儿童馆
国防馆之设,提倡战争,夸耀战功……①

从李襄臣参观"满洲博览会"的感受可以看出其民族气节。那
时他对日本帝国主义的侵略野心已有清醒的认识,心里开始有了
抗日的准备。在他后来回忆性的记述中有这样的记载:

　　我在青岛工作很长时期,亲眼看到日本鬼子的得寸
进尺。那时候,认识到和日本帝国主义不久的将来总会
有战争发生,我应该有所准备。我想我首先要懂得军事
学,如是买了些孙子、吴子兵法,步兵操典等书来读。其
次自己的身体要锻炼好,如是参加学习国术,学骑马,
学开车,不断地爬山跑路,一旦有事,可以拿起枪来拼
一拼。②

---

① 襄. 大连纪游[J]. 海王,1933,6(2):25.
② 李襄臣回忆文,未发表。

(二)《调查淮北盐场的观感录》

1934 年在参观考察了淮北盐场后,李襄臣在《海王》上发表了考察报告《调查淮北盐场的观感录》。① 该文从盐田的构造、晒盐方法、盐场用具、盐场产量、盐场的组织和经营成本,以及盐之运输等 6 个方面,对长芦盐场、青岛盐场与淮北盐场进行了比较分析,并在结论中提出了 3 个盐场各自在天时、地利、人和方面的优势,以及如何取长补短发展食盐生产,开拓工业用盐新品种。全文简明扼要,图文并茂。在那个年代能够就中国三大盐场的自然环境特点、晒盐工艺方法的优缺点以及产品的产量、质量及经营成本等问题进行深入分析并写出报告是罕见的。在该文中李襄

《调查淮北盐场的观感录》一文首页

① 襄.调查淮北盐场的观感录[J].海王,1934,7(2):37-41.

臣乘汽车路过淮北之名胜云台山,看到云台山在淮北盐场中,犹如海中之岛,感慨淮北盐场面积之大,并以云台山为中心,指出五大盐场的分布:山北为板浦盐场,再北为临兴场,更北为涛雏场;山南为中正场,更南为济南场;绵亘四县,蜿蜒六百里①。淮北盐场之大,实为当时全国之冠。现将该文中关于淮北盐场、长芦盐场、青岛盐场之比较的内容摘录如下:

(一)淮北盐田之构造及与青岛长芦之比较

淮北盐场之构造,以圩子为单位,每圩约三百丈见方,面积约一千五百亩;其中,结晶池约占六分之一。图中凹地蒸发池,生活为盛卤池,晒格为结晶池,胖头河为运盐沟,廪基为坨地及炉户住房。观图结晶池围绕廪基,产盐集中,管理方便;晒盐之炉户,距池甚近,工作亦甚便利。惟其建筑费较大,雨水洩出较难,是其缺点。

长芦盐场,以一副滩为单位。汉沽场较为整齐。塘沽则大小形势,极不规则,海水之引进甚难;其优点,抽水工作集中,蒸发面积大,结晶池之面积小,甚省工力,故其成本轻。

青岛盐场以一副斗子为单位,每副面积小者三十亩,大者六十亩。图中荒水为蒸发池,卤台为盛卤池,池子为结晶池。以其单位过小,未免散漫,运输亦感困难。惟其滩场整齐,有效面积,较之任何盐场为大,是一优点。

---

① 1里＝500米。

　　此外,淮北长芦之滩,距潮点较远,堤防简单,不易被波涛之冲毁。青岛盐场多为日人所开设,正当盐价甚高之时,不顾费用,努力建筑,即极低之处,亦筑为滩,故其堤防须极高,且非石质,难御潮浪,时有被冲之虞。以安全言之,青岛又不如其他二处也。

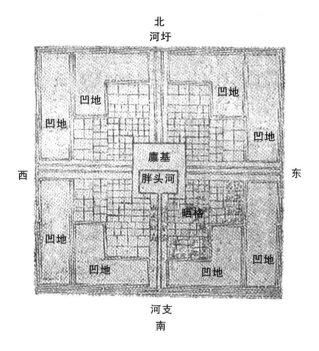

淮北盐田图·盐格图

（二）淮北盐场晒制法及与长芦青岛之比较

　　1. 海水浓度:淮北之海水浓度为波氏三度至四度之谱,而长芦因有白河及汉沽河两淡水河渗加之故,其浓度有时仅一点五度,浓时至三度,青岛惟胶州河以西雨期不至三度,平时多在三度以上。因此之故,盐田之构造,其

蒸发池与结晶池面积之比,长芦须为 10∶1,青岛及淮北
须为 6∶1 方为相当也。

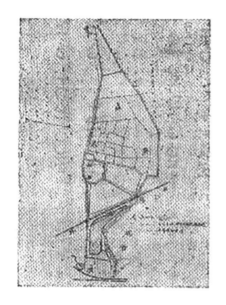

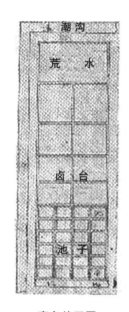

长芦盐田图·塘沽莱畦滩图　　　　　青岛盐田图

2. 海水之取汲:淮北取引海水,亦用潮沟,由潮沟内
再用风车拉入蒸发池中。惟现在济南场七公司,则合建
二百五十马力之抽水机,于潮河南岸之陈家港,而取引潮
河之水。闻其机械及建筑物费银约十二万元,大约此机
安置后,当无缺水之虞也,长芦之塘沽引取海水亦用潮
沟。久大公司,前曾于海岸安置抽水机,惟因离河较远,
海岸过平,落潮后,机距海水甚远,以致失败,迄今仍任
长潮时,随沟取引之。汉沽则河海并用。青岛盐场,大
部位置低下,取潮甚易,有时尚可由潮沟内直接放入蒸

发池中,不必再须他力,此则青岛盐场较之其他各处为方便也。

3. 结晶池底之压制:结晶池底压制之方法,与其池底土质大有关系。淮北盐场之池底,原有土质及砖砌两种。其土质者,当晒盐开始时,用脚跟将泥踏熟,然后用石磙压紧,雨后或盐色不佳时,再从新压制。淮北土质极优,与粘土相仿,故压后即行紧洁;而砖砌者因费用甚大,产盐之量与色仍与土质者不相上下,故近亦渐归淘汰云。长芦之塘沽,池底之土质不佳,多先用老滩中所沉淀之砂泥(俗称白眼砂)垫二寸许,然后用石磙压紧;石磙分小、中、大三种,此与淮青两处不同者,且在一季中仅压一次,压好后即遇雨亦不再压,故其盐色多不及淮北与青岛也。青岛盐场之土质,较之淮北固不如,较之长芦亦稍逊,其开滩之历史又浅,无塘沽滩所沉淀之砂泥,故其池底,多用小砂石混入泥土中,然后用石磙压紧,每当雨后,亦从新再压如淮北场。

4. 卤水之存贮:存贮卤水方法不同,与雨量多寡大有利害之关系,而三者因其天时不同,各有其利用之方法,而亦各有其利害,兹分述之,望当事者各以其经验互相参证,取其所长舍其所短焉。

淮北场因其地位较南,雨水较多,各圩均在结晶池旁掘井。井深约五尺,径八尺,底及周围均用砖砌。天雨时,将池中圩水放入井中,以防稀薄;雨后天晴,即由井中将卤吸出池中再令结晶,此种方法,在雨量过多之地,保存卤水为法至善,然亦有其害处,盖此卤水于雨后放入池中,再行结晶,其加入新卤的机会甚少,因之池中所含之苦卤渐多。苦卤中之盐化卤,为吸收水分之物质,故其所产之盐,水分甚多,且不易干燥。一般食盐者谓淮北之盐其质嫩,即此之故。塘沽盐滩之存卤以一部另辟一池,名为养活洼圈,平时贮卤约尺许,任其结晶。雨时因其卤深,不致十分稀薄,且有结晶之盐,被雨溶化即成卤水,故雨后,放入池中,即可结盐,其利点:一可省人力用费,二可令雨后结晶之恢复迅速;而其害处:则如遇大雨或久雨,其贮之卤水仍被稀薄,经长时间晒制之卤水,一时难用,为可惜也。

青岛盐滩,无盐井及养活窪圈之设,其利用卤水之法,乃将结晶池之面积放大(结晶池之面与蒸发池之比为1∶3),于天气良好之时,能使卤水尽量结晶成盐,不令剩余。此种方法,其利点:当天气良好之年,可以十分利用其蒸发力,多产盐斤;其害处:每遇天雨,因卤水已尽,恢复甚难,且多耗人力,成本加大。故三处盐场之贮卤方法利害各半而各有待于改良焉。

5. 盐之结晶及盐之采集:淮北晒盐法,当将饱和之卤液放入结晶池后,即撒布盐种于池中(每池撒盐约两管)作为结晶母,使盐之结晶更为迅速。此方法长芦及青岛均无,似可仿效。当结晶一二日后,将结晶体用木笆推松,一次或二次,再结晶,然后至相当程度而采取之。此则淮北与长芦相同,惟青岛则否。盖青岛之结晶池面积甚大,其卤水已充分用尽,无卤水可换也。惟觉在结晶期中,将结晶体推松,对于结晶之促进,有甚大之效力。盖推松后,结晶体之间,空隙甚大,因卤水之充分包围各个结晶体,以所结之晶当为结晶母,而周围上下,得同时结盐;若不推松,则晶体成为一板,仅上层有迅速结晶之效力,下层及晶体之间,结晶当缓。故此点,青岛盐场当设法效法也。结晶至相当程度后,用笆将盐笆至池边,团成小堆令卤汁流尽,然后抬入坨地堆置。此点淮北青岛及长芦汉沽均相同。塘沽则先将盐团于池中,然后抬置池角,再由池角抬入坨地,情形稍异。惟先团于池中者,工人须在池中扛抬,对于池底不免践踏,多所毁坏,不若笆至池边者对于池底有相当之保护也。现今塘沽久大公司,曾将一部份之池,改于池边团盐,预计其对于池底之保护,当有相当之效果也。

6. 结晶之状态:盐之结晶,其晶形于晶之轻重,随其土质而各生差异。盖土质中所含之物质各不相同,此种物质虽极微量,即足以影响于结晶。如硫酸锰硫化铁等重金属,数万分之一,即可令晶形生莫大之差。此外苦汁等含量之多寡,亦足影响盐质。淮北之盐,晶形多正方形面呈光彩,惟轻而水分多。长芦与青岛之盐暗而重,水分亦较少。就三地之优劣言之,淮盐须改良所含之水分,长芦青岛须努力于盐色之改革也。

7. 晒盐时期：淮北晒盐无时期之限制而有产额之限制。长芦则每年晒盐限为四个月。青岛则上期自四月一日起至七月三十日止，下期自九月一日起至十一月三十日止。此项期间，为稽核所所规定，盖以销场不同，而其限制各异也。

（三）淮北盐场用具及与长芦青岛之比较

淮北长芦青岛三场之用具，其盐筐盐笆铁锨扫帚等均相同，惟汲水之风车则淮北为斜式，式样轻巧，每个制造费约百元，可以自由移动；青岛长芦为立式，吸水量大，每个制造费约七百元。压池之石磙，淮北青岛汉沽均相等，惟塘沽则有一人轴、二人轴、三人轴之分。用具中之

长芦青岛风车图

最关重要者为汲水之车。青岛及塘沽,现有改用柴油机者。两相比较风车纯靠风力,无风则归停顿,惟其费省。抽水机可以随时应用不受风力之限制,惟柴油之价日昂,将来之趋势,当以两者合用,较为相宜也。

淮北风车底座图

(四)淮北盐场之产量与长芦青岛之比较

淮北盐场之产量,每亩每年最多○.七吨,青岛每亩每年最多三.○吨,长芦每亩每年最多四.五吨。盐之产量,固然与天时有关,而晒制者之技术,盐场之构造,亦受影响不小。三处盐场,若以其面积与蒸发量言之,其产量尚不及其三分之一,吾人常以为晒盐系靠天吃饭,以此观之,靠天尚未靠到三分之一,其有待于改良者尚多。现世纪之人,当以人力胜天为法,记者亦忝当其事,愿与吾同务者努力焉。

(五)淮北盐场之组织及成本并与长芦青岛之比较

淮北盐场之直接晒盐者为灶户,滩主以滩交给滩炉户晒盐,论盐量给资,现在每石四分。灶户之眷属均住滩中,滩主须供给灶户灶粮每月每户均四百斤。每条圩子计灶户八家,其用具等之备用以及沟道堤防之修理,均由滩主给资,每担四分者,仅工资也。

长芦之滩,滩主之下设管事,管事之下设捻头,滩工由捻头雇用,工人有一定之额数。青岛与长芦,略相仿佛。依管理言之,淮北似较便于青长也。

盐之成本,淮北各担头、泥工、灶粮、驳价四项,每担约三角之谱,远者驳价每石约须一角,近者四分余,故距坨较远之场,每石成本尚须三角有余也。问之大源公司,谓需五角,细计之不至有此。长芦盐场,每石费用比二者皆廉,青岛之成本因运输过远,虽较淮北为廉,较之长芦则费多矣。

(六)淮北盐场之运输及与长芦青岛之比较

淮北盐场之存盐地,分济南中正板浦临兴四坨,由各场开一沟渠,直通坨地,沟道甚宽,船可张帆,输出则板浦场可直通火车,济南场有潮河可以直接运输,中正临兴则须先用帆船装出,方可装输,较感困难也。

淮北运盐入坨情形　　　　　　　　盐场笆盐图

长芦之盐入坨之沟较窄,不如淮北便利,惟输出,则火车与轮船两便。青岛盐场,除输出便利外,入坨则极困难,一则须依潮水之长落,时间受其限制;二则须运至青岛港内有六十里之遥,其成本之大,此又一原因也。

(七)结论

淮北盐场,区内虽有山陵,而多树木;虽有荒地,茂草丛生。故土不扬尘,土质粘细,浮泥不起,故盐色洁白。大好盐场,极广面积,居全国海岸之中,运输方便,连云港筑成后,交通更为便利。长芦则气候优良,雨量极少,天寒之时,温度甚低,其芒硝等副产物,易于采集。青岛之盐,端赖输出,年来求过于供,廪无储粟。以形势而言之,让长芦得天时;淮北得地利;青岛无法,只得说得人和焉。以物质言之,淮北之盐,胜在洁白;长芦之盐,利在费轻;

青岛则色胜于长芦而本轻于淮北,在不强不弱之间。惟是天演公例,适者生存,向使长芦之盐,改进其色泽,挟其轻微之本以与他处较短长,则淮北之盐业危;淮北之盐,若能减轻成本,改良盐质,挟其优美之晶形,以与他处较短长,则长芦之盐业危;一旦输出杜绝,而自己不求盐质盐色之改进,成本之减轻,则青岛之盐业危。此就食盐而言也,就食盐之趋势而言也。然而今者科学昌明,盐除食用外,直接间接能作工业之原料,不下数百种。故欲维持中国盐业,非徒限制产额;所可维护,非提倡工业盐,不足以言救济也。一管之见,遗漏甚多,利害之处,未必切当,而期望之殷,不免有求全之毁,所望熟悉个中情形者,有以指正之!

从该文不仅能看到李襄臣对当年盐滩建设和晒盐技术的科学分析,而且也能感受到他的敬业精神和发展原盐生产科技事业的使命感。他指出:"盐之产量,固然与天时有关,而晒制者之技术,盐场之构造,亦受影响不小",而当前的盐产量则"靠天尚未靠到三分之一,其有待于改良者尚多,现世纪之人,当以人力胜天为法,记者亦忝当其事,愿与吾同务者努力焉"。另外,从李襄臣以后的业绩来看,他能将通过这些参观和比较分析获得的新认识,成功地运用于实践中。例如,新中国成立后李襄臣为在青岛建设的第一个国营盐场设计出了具有"四集中"(集中纳潮、集中制卤、集中结晶、集中堆坨)特点的盐田,并增加了有效蒸发面积,减少了无效结晶面积。

(三)《"关东州"盐田视察报告及对于青岛盐质改良之意见》

1936 年李襄臣在《海王》上发表了《"关东州"盐田视察报告及对于青岛盐质改良之意见》一文。①

《"关东州"盐田视察报告及对于青岛盐质改良之意见》一文首页

① 凝."关东州"盐田视察报告及对于青岛盐质改良之意见[J]. 海王,1936,9(2):22-24.

该文的第一部分,首先概述了当时辽东半岛上大连、旅顺周边盐田的情况,详细列出了盐田所在区域、经营者姓名和盐田面积。日本人在"关东州"经营盐田者,有大日本盐业株式会社、东洋拓殖株式会社、矢原重吉、武田政吉和宫田仁吉等5家,其中以大日本盐业株式会社之盐田为最广,占总面积的3/4以上。中国人经营的盐田面积仅占1/8。他指出,当年"关东州"盐田的产量已超过50万吨,所生产的盐的种类除原盐外,还有煎熬盐、洗涤大粒盐和洗涤粉碎盐。他还列出了各类盐的成分。关于盐的输出码头,当年已有的可以直接装轮之地有以下5处:旅顺管区内的旅顺港码头,普兰店管区内的城子屯、簸箕岛和西中岛,貔子窝管区内的大长山岛。

其后该文分别介绍了4个盐场(双岛湾盐田、营城子盐田、长店堡盐场和三道湾盐场)各自的特点和晒盐方法,以及一个试验盐场(旅顺试验盐场)31个预定进行的研究项目。从试验盐场的研究课题可以看出,原盐生产的工艺过程绝非想象中那么简单,它包含着非常复杂的科学技术问题,而这些问题的研究难度是很大的,涉及许多学科。4个盐场中,三道湾是最新式的,其结晶池中横贯一道贮卤沟,蒸发所得之卤液全部进入此沟,再通过抽水机分配至各池。若遇雨天,可将池中卤液放入此沟,以降低卤液被雨水稀释的程度。

该文的第二部分,根据青岛盐场的实际情况,提出了从两方面来改进青岛原盐质量的意见。其一是根本改良法,改良过程分3个阶段:第1个阶段改良结晶池地盘,使之坚硬;第2个阶段于卤液中加质量分数为1/20 000之硫酸锰;第3个阶段饱和卤液超过30度

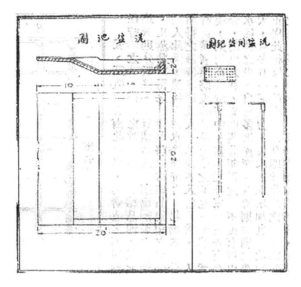

洗盐池和洗盐用盐耙图

者绝对放弃不用。其二是洗涤方法,而洗涤方法又分手工洗涤法
与机械洗涤法两种。由于胶州湾盐民经营的盐田过于零散,当年
持有盐田斗子数多者为数甚少,有的持有 3 副,有的持有 1 副或半
副,有的只持 1/4 甚至 1/8 副斗子。此种盐田很难实行根本改良法
或机械洗涤法。在当时情况下,只有手工洗涤法可行。为此,李襄
臣特为这类盐民设计了洗盐池和洗盐用具。具体洗涤方法如下:
"将洗盐池建置于近底池之盐坨内,由清水沟放入波氏二十四度之
卤水,深约一尺,将由结晶池采取之盐约〇.八吨许,倒入池中,用笆
往复推助,约五分钟,放出浊液,再加新卤,如前述反复三遍,即捞
出推入坨地,流去残液,其放出之浊液,仍回入荒水中。"如此洗涤
之盐,据分析其成分如下:水分为 5.40%,夹杂物为 3.04%,氯化钠
为 91.56%。"若将此种盐放置三数月,水分脱后,其成分当更较佳

也。"文中还列出了具体的建设费用表,并指出"此项洗盐池每两付或两付半斗子可建设一个,则每付费用为三十元至三十八元之谱"。由此可以看出,李襄臣的研究对象绝非仅限于永裕盐业公司自办的盐场,他努力将自己辛勤探索的收获奉献给了整个胶州湾的盐民。

20 世纪 30 年代,李襄臣除了对国内的盐业进行过多次考察外,还曾被公司派往日本进行考察。《海王》上有两次记载。第 1 次是在 1932 年 12 月,李襄臣随文公信赴日进行了盐碱业的考察。文公信是久大的老人,早年留学日本,曾任久大制盐厂的厂长,在永裕盐业公司成立后来青岛任工务课课长。在文公信的悉心指导下,李襄臣在工作之余孜孜不倦地学习日语。据说出国时他已识近万个日语单词。第 2 次是 1936 年 4 月 6 日离青去日本,5 月 18 日返青。这次主要考察酱油酿造业。由塘沽派去的几位大员会英语或德语,他们在日本会合后,李襄臣充当了临时翻译。

(四)《胶州湾盐业》

1935 年李襄臣为青岛工商学会编辑的《青岛经济年鉴》提供的《青岛盐业》,首次主要从经济角度概述了当年的青岛盐业。而他在《海王》上以笔名"凝"从 1936 年 3 月(第 8 年第 18 期)起至 1937 年 7 月(第 9 年第 32 期)连载 24 期的《胶州湾盐业》则是系统论述胶州湾盐业的作品。正如本书的前言中所述,当时国内关于盐业的书籍和杂志虽较多,但大都偏于论述行政管理以及历史考证,介绍盐的制造方法之类的书籍则少见。其实,这也是必然的,因为在那个年代,虽然盐业总体上在政治、经济上的地位都比较高,盐业从业人员也不少,但像李襄臣这样服务盐场近20年,且把原盐生产作为一项科学技术工作对待的国人,可谓凤毛麟角。因此,此文在当时是有很高的科学意义和实用价值的。《海王》1936年第8年第36期的《编者余话》中强调:"李襄臣先生的《胶州湾盐业》,是制盐的重要参考,还有不少续稿,下年登完。"《胶州湾盐业》在今日也是一份珍贵的历史资料。可惜由于抗日战争爆发,"永久黄"团体西迁,《海王》停刊,《胶州湾盐业》发表中断,未能再续。此文已刊出的部分已有数万字,虽然插图不多,但是附有翔实的数据表,为研究20世纪二三十年代胶州湾原盐生产发展历程,以及当时的自然和社会环境提供了难得的资料。现将其在《海王》上已刊出部分的目录摘录如下:

第一章　胶州湾原盐制造总论

第一节　沿革

（一）盐田创设沿革

（二）盐制沿革

第二节　胶州湾气候与潮汐

第三节　盐田之修筑

一、开设盐田之手续

二、胶州湾盐田之位置

三、胶州湾盐田建筑法及其构造

四、盐田构造面积百分比

五、盐田建筑费

第四节　盐田之晒制

　　一、人工及火食

　　二、晒盐器具

　　三、晒盐方法

第五节　胶州湾盐之品质

　　一、盐色及等级

　　二、盐质

　　三、气象及于品质之影响

　　四、土壤及于品质之影响

　　五、销场及于品质之影响

第六节　盐生产费

第七节　采盐后之处理

　　一、盐场中之堆置

　　二、运青方法

　　三、运送时间

　　四、输运费用及输送能力

　　五、就场买卖

第八节　盐田买卖及租晒

　　一、盐田买卖

　　二、盐田之租晒

第九节　盐质检定

　　一、盐质检定所设立之宗旨

　　二、盐质检定规则

膠州灣鹽業

凝·

筆者二十三年調查淮北鹽場，歸途中轉道塘沽，訪黃海時，曾晤孫潁川博士，談及國內鹽業書籍雜誌甚多，然大都偏於行政以及歷史考證之類，如鹽之製造方法之一類書籍，則幾於無有，筆者服務鹽場將近二十年，嘗欲成一書，故歸青後，即從事整理歷年所紀表冊以及各處摘錄之記載，適二十四年，青島工商學會編纂青島經濟年鑑，函託公司編輯青島鹽業一欄，以應，然以偏重經濟之下，於製造方法未免稍略，不是前此宗旨，又覺年來於海王貝品材料重加編理，於偷惰羞漸兩重情緒之下，將前稿加以補充，登之海王，欲以供諸來日有心作是書者。

第一章　膠州灣原鹽製造總論

第一節　沿革

（一）鹽田創設沿革

膠州灣周圍二百餘里，東起滄口，西至辟嶼，其地平坦，均足以開闢鹽場，而爲用鍋煎製，諸求當時政府，初最下崖村孫造者，其地同，又非就灘晒製而爲用鍋煎熬，然，考最初運者有小西灘之村孫同，設鍋煎熬爲鹽，鋪州即墨等處沿海十八縣。總鍋起者，其年月以無文獻可考無由得知。總鍋蒸煮爲鹽，鹽田晒鹽法，創始於前清光緒二十六年。

（即德人租借後三年）營商於金口遠村，得略其晒鹽方法，陰島蕭家村遊廷蕃老，練之把頭遠村，開設斗子三付，從事晒鹽製，即以所產之鹽供給附近居民，居民見之，其後偶以瓢板運銷青島，亦稻初獲利，如是模倣開設者各地皆有，鹽田之開設，起在光緒三十年之間，當時海內之總灘數，在民國紀元前五六年之間，其最盛時期，十規利潤，南萬鹽田之開設，後日見增設，有二百五十四所。惟不幸於民國四年，蒙稀有之海潮，斗子副數達五百六十付之海灘。

《胶州湾盐业》一文首页

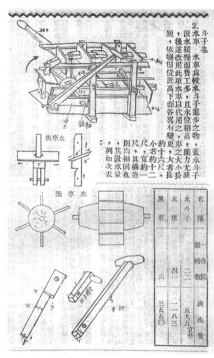

李襄臣绘制的水斗子插图　　　　　李襄臣绘制的水车插图

(五)《胶澳盐场施政近况》

关于胶州湾盐业的政务方面,1934 年李襄臣在《海王》上发表《胶澳盐场施政近况》一文,针对当时政府有关部门提出的一项政策进行了评议,用翔实的数据推翻了这项政策的可行性。[①] 该文指出:"胶澳盐场,自加税以来,偷盐之风日炽,当局再三研究,规定防范偷窃办法数条,昨在马哥庄,召集盐民代表,公布实施。"该条例共有 4 条,其大意为:

---

① 凝.胶澳盐场施政近况[J].海王,1935,7(25):455.

膠澳鹽場施政近況

凝·

釋澳鹽場，自加稅以來，倫鹽之風之熾，當局再三研究，規定防範偸竊辦法數條，昨在召集鹽民代表，公佈施行，茲錄其大意於後。馬哲莊

一、鹽斗斗子估計產量，過額停曬，不夠裝鹽時須報。

二、各灘灘池均須裝設鐵蒺藜圍子，大堆中、小三種堆疊，大堆五石百石，中堆三石百石，小堆一百石。

三、鹽池由查驗放處蓋印。

四、須明斗子估計產量，否則作偽發論，用歟日須報。

上述四點，大略讀來如下：

這條數目字從何處表示起？個控蓋印四字是「知」，你若行起來，就有得算了。

1. 鐵蒺藜圍子
每付斗子池地寬約二四〇尺，
需用材三〇根每根報洋四角計
需用鐵蒺藜一個
需用人工二個
　　　　　　　　計　　一·〇〇元
　　　　　　　　計　　四·〇〇元
　　　　　　　　計　　〇·二〇元
合計每斗子約二千付合計
　　　　　10K×00·00元

2. 大中小鹽捲
　全鹽區斗子約二千付合計
　　　　　10K×00·00元

（此处为竖排密集文字，多处模糊）

3. 鹽斗子蓋印
每付斗子付合計
　20000·00元

4. 照黏板裝置方面則因潮汐等候候監視人員到長場方能裝置

依公的方面說，每付斗子鹽池二百四十尺，每驗放處約有三百付斗子鹽池……

（竖排数字区）
　　　614940元
　　　　80000
　　　　57449
　　　　10000
　　　360000
　　四條之總值為

萬元。
還有豐年歉年，其產最不同，平常在豐年可以將剩下之鹽加以補歉年之不足，而且限制則歉年無法補救，釋區在歉年約少鹽六萬噸，每噸值六元，計損失三……

如上，用加法加起來，得六十一萬四千二百四十元，惟其中鐵蒺藜池可用四年，如是相加，一百四十元，見，膠區若依規定每噸一定……

均產額約為二六七〇〇〇元，損耗一百二十九萬四千一百……二十六萬七千英噸計……增加成本每噸一角你之譜。

《胶澳盐场施政近况》

一、各滩滩坨均须装设铁蒺藜围子。

二、滩中盐坨须分大、中、小三种堆置,大堆五百石,中堆三百石,小堆一百石。

三、盐坨每日由验放处盖印,装盐时须报告后监视开坨。

四、每付斗子估计产量,过额停晒,不够须呈明原由,否则作偷税论。

这 4 条看起来似乎并不复杂,花费也不多,但李襄臣逐条进行了深入的分析和仔细的计算,发现把执行这些条例的工作折算为经济付出,其代价大得惊人。胶州湾的盐民实施这 4 条将总共花费61.424 万元,而且此后每年全区还将花费 29.414 万元。由此每吨盐的成本将增加超过 1.1 元。显然,这样的政策不具有可行性。该文不仅站在广大盐民的角度,以无懈可击的论据批驳了当局官僚主义的施政条例,也反映出李襄臣对当时胶州湾盐滩的方方面面及盐民劳作的全过程已了如指掌,可明察秋毫。

七、关注青岛工业发展

20 世纪 20 年代后期至 30 年代前期这 10 年中,李襄臣不仅对胶州湾的盐业倾注了大量的心血,而且很关心青岛乃至国家的工业建设和发展,这从他 1934 年发表的《由青岛工业说到国家大问题》一文可见一斑。此文的成文,缘于 1933 年青岛市组织的工厂调查。关于此次调查的组织,李襄臣在当年的《海王》上也做了报道。
当时青岛的市长是沈鸿烈(字成章)。关于沈鸿烈在 20 世纪 30 年
代在青岛市政建设方面做的一些工作,如美化了青岛市容,整修了
公园,调度了交通,建造了船坞、体育场、五号码头、前海栈桥、海滨
公园和水族馆,学者多有研究,这些工作在当今依然得到青岛人的
认可。①《海王》上也有青岛市政府主办的一些活动的报道。例如,
1933 年 8 月 10 日刊出的就有两篇:一篇介绍的是旨在促进工商业
发展的青岛市第四届国货展览会的盛况,另一篇则报道了第十七
届华北运动会的规模和热闹情景。此时东三省已沦陷,而青岛有
国人自己建设的良好设施和优美的环境,是令人振奋的。该文开
始这样介绍:

> 第十七届华北运动会,在青岛举行。会场筹备,费时
> 三月,费银二十余万元。参加者即告沦亡之东北三省,亦
> 已来归,此热闹场中,足堪痛哭流涕之事,不可不以纪。②

文中盛赞了青岛新建体育场之雄伟、环境之优美及设施之完
备。从文中提到的"永久黄"团体对运动会的赞助和积极参与,可
看出该团体对社会公益活动的支持态度。例如,久大精盐公司、永
利制碱公司和永裕盐业公司均赠送有刘君曼先生题字、名匠刻制
的银杯作为此次运动会的奖品,为数不少的永裕盐业公司职工子

---

① 　相关研究成果有:傅炜莉《沈鸿烈主政青岛的三项重要规划》,《青岛文化研
究(第四辑)》中国海洋大学出版社 2020 年;李茜《沈鸿烈与近代青岛城市规划
(1931—1937)》,武汉理工大学 2012 年硕士论文;刘超《20 世纪 30 年代沈鸿烈与青岛
体育发展考略》,《兰台世界》2014 年。

② 　佚名. 华北运动会纪事[J]. 海王,1933,5(34):284.

女(如文公信、李襄臣的女儿)参加了运动会的比赛、表演和招待服务工作。在《青市组织工厂调查团》报道中,李襄臣对沈鸿烈在推动工农业发展方面所做的事也有记载:

> 青岛市长沈成章先生……对于农工商业的振兴,不问其成绩如何,总之是热心的提倡和领导。前月曾于李村倡开一次农产物展览会,其详情已见之《海王》,这至少对于农民总有一点新的知识印入他们的脑海里。去年创立一工商学会,也是当务之急,近日由工商学会组织一调查团,其用意想由此知识分子的集团检查出本市工厂的优点、弱点,而作改进本市工商业的预备。自征集团员以来,报名参加的八十五人,分甲、乙、丙、丁、戊、己、庚、辛八组,每人可兼一组或数组。甲组为纺织业,乙组为机器五金业,丙组为教育文化用品业,丁组为日用品工业,戊组为化学工业,己组为饮食品工业,庚组为其他工业,辛组为特种工业。此次预备调查之厂数共计为六十七厂,自前月二十七日起分十四日调查完毕。记者(指李襄臣本人)想替《海王》找点材料,所以也参加了丙、丁、戊三组,并且由沈市长于二十四日招待便餐于迎宾馆作调查的预备会……①

通过对当时青岛工业的初步调查研究,李襄臣就如何发展青岛,乃至全国的工业问题,进行了思考,于 1934 年发表了《由青岛工

---

① 凝. 青市组织工厂调查团[J]. 海王,1933,6(10):154.

业说到国家大问题》一文。文中呼吁更多的知识分子投身到工业建设中去,批判了读书就是为了升官发财的思想;强调发展工业必须依靠科技创新,只有尊重科学、尊重人才才有前途。

在该文中,李襄臣首先对当时青岛的工业进行了概述和评价:

青岛工业,在种类上说起来,可算是完备了。除日资纺织工场特别发达外,其国人自营的,化学工业有胶皮、火柴、瓦斯、颜料、造胰、制革、精盐、炼油、啤酒等厂;机械工业有铁路机厂,制针、制钉、自行车等工厂;纺织工业有染织、花边、纺纱等工厂。此外,烟草、制杆(火柴杆)、纽扣、窑业、制冰、电汽、自来水、面粉、蛋厂等,无不俱备。这稍觉发达的原因,固然是交通便利,而主因是没有受着内战的影响,人民得以安心作事;而其又一附带的原因,是有些人在德占时代,集了一点资本,受着外人工业的刺激而模做的。所以在青岛工业界,现在有两方面的看法:好的一方面呢,仿佛是无奇不有,和雨后春笋一样的都露着芽尖出来了,不怕将来没有收获,而且显着中国只要有一块干净土,人民就会有长足的进步,建设的能力了。坏的一方面呢,这几位办工业的人,除几个较大的机厂纱厂外,其余都是些老外①,尤少知识阶级参与其间,大都是雇用一个工头或者日本人作为技师,就一直的往前干起来了。这与其说是勇敢,无宁说是盲目罢。若说到他们的

① 指外行。

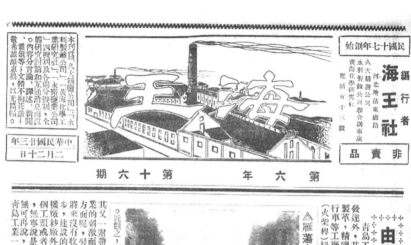

民國十七年創始

海王

刊行者　海王社

河北塘沽束廠路　久大精鹽公司　永利製鹼公司聯合辦事處　黃海化學工業研究社　電話六十三號

非賣品

中華民國三十三年二月二十日

第六年　第十六期

由青島工業說到國家大問題

△雁蕩名勝之一——燕尾瀑

○近觀之，兩瀑分開，形如燕尾，故名。

《由青岛工业说到国家大问题》一文首页

精神，自然是令我们佩服到五体投地，无可再说。若考究到将来，就不免带着双层的危险性。在这里，我们将青岛工业一般的情形过细想想，将国家这大题目装上去，有几个问题值得讨论的：

一、科学知识阶级，何以绝少参与工业界？

二、知识阶级不参加，对于工业本身现在的影响如何？

三、知识阶级不参加，对于国家工业前途的影响如何？

四、国人有很值得感佩的勇敢和毅力。

五、如何利用此勇敢和毅力？①

随后该文对这5个方面的问题逐个进行了分析论证。第1个问题，有历史文化和观念方面的原因，也有社会现实、环境条件的影响。对第2个问题，李襄臣则列举了纽扣厂、胶皮厂和颜料厂作为例子，说明缺少科学知识的指导和相应的设备，导致材料浪费很大，产品品种单一且质量无保障，无效成本大增，还会造成污染。关于第3个问题，李襄臣主要论述的是，没有科技创新人才，工厂和产品就不能提升，在竞争中自然就会被淘汰。他指出当时青岛就有好些工厂已受外货影响而勉强挣扎。关于第4点，李襄臣对青岛工厂的员工的刻苦工作，及劳资两方都能和谐努力地去发展实业的勇气和毅力表示感佩，而对他们的艰难处境和痛苦表示同情和忧虑。最后基于"青岛工业，现在之情形如此，将来之危险又如彼"的状况，李襄臣指出，今日的青岛工商学会的责任是从两方面帮助

① 凝.由青岛工业说到国家大问题[J].海王,1934,6(16):241-243.

这些工厂:"一是补助他们科学知识之不足,二是如何减轻关税以及社会给他们的痛苦。"他建议将此次调查作为第1步,而第2步当择定若干工厂,就值得研究改良的问题,由专人进行详细调查,并提出实用的解决办法。这样则"青岛工业之前途,还极有可为"。

八、热衷于科普

除了以上论文、调查研究报告外,李襄臣于1933—1937年还在《海王》上用"凝""襄"等笔名发表了大量的科普文章。例如,在《儿童常识讲话》栏目发表的就有9篇(有的一篇较长,分数期连载),内容十分丰富,普及的知识主题有流星、彗星、日食、潮汐、朝霞、晚霞、灰尘、生物(如蚂蚁和蜜蜂)。其他栏目发表的科普短文有9篇以上,内容包括近代发明、航空时代、船之新模型、海洋及农产品的新出路和副业等。李襄臣除了熟练地掌握英文外,还在曾于日本留学的文公信先生的帮助下,自学了日文,翻译并发表了科技文章多篇,并以《多见不怪》为题编译科普文章8篇。其中有些科技文章对译者的专业素养有着较高的要求,如《青岛水道将来之水源》一文。[①] 该文系负责土木建设和水道事务的伴宜所作,是伴宜对白沙河水源进行调查,并对其可利用的水量及其改造保护工程进行研究的成果。

---

① 伴宜. 青岛水道将来之水源[J]. 凝,译. 海王,1935,7(32):581-583.

1934 年李襄臣（左二）与其家人及同事游青岛中山公园

　　李襄臣如此热心于科普工作，多次撰稿，极力推动科学知识和技术在中国的应用，显然既不是为了名，也不是为了利。这和他热衷于对工人的文化教育，积极参与促进工业和科学事业发展的社会活动一样，应该是出于那个时代爱国知识分子为民族救亡和复兴而奉献的情怀及责任感。李襄臣意识到孩子是祖国的未来，引导他们对科学产生浓厚的兴趣，进而成为追求科学精神和掌握科学知识的人，对于强国富民都是十分重要的。而这些科学知识，实际上对于盐业及化工业的基层工作人员建立科学观念和提高业务能力也是十分有益的。这正是李襄臣在繁重工作之余孜孜不倦笔耕的良苦用心。

第四章

国难时期迎新挑战

一、拒与日人合作　提前离青

　　1937年日本发动全面侵华战争，华北沦陷。国难当头，范旭东"宁为玉碎，不为瓦全"，毅然放弃塘沽的久大盐业公司和永利化学工业公司、青岛的永裕盐业公司、南京的永利铔厂，以及黄海研究社的产业，率领大部分工程技术人员和中层以上管理人员，迁往内地。1938年元旦前后，"永久黄"团体的千多号人，陆续汇集汉口。经过热烈的讨论，大家一致同意范旭东的意见：克服"逃难"心理，为中国再创立一个化工基地。大家表示节衣缩食，在所不辞；勇往直前，支援抗战。此后，李烛尘被任命为集团西迁总负责人，在重庆设立办事处，唐汉三、钟履坚被派到自贡张家坝建立久大制盐厂，永利化学工业公司和黄海研究社在犍为县五通桥设厂和基地。

　　不过以上活动李襄臣都未参加,也不知情。而范旭东、李烛尘、唐汉三和阎幼甫等人都在找他。原来 1937 年 7 月,平津战事日紧,天津、塘沽交通阻断,消息阻隔。当年 8 月初,久大、永利工厂停产,职工撤离塘沽。当年 8 月 13 日,日本人又发动"八一三事变",进攻上海,威胁到南京。同时日军也在筹划从海上登陆,侵占青岛。李襄臣此时忧心忡忡。李襄臣在胶州湾盐滩上默默耕耘之事并无太多人知晓,甚至后来还有个别有关永裕盐业公司的报道宣称:中国人从外国人手中接收的企业,最后能成功经营的没有一个。可是一直不甘心失去胶州湾盐田的日本人,在密切关注着当地盐业,特别是对永裕盐业公司在名不见经传的李襄臣和他的同人的努力下,在盐滩和晒盐工艺的改造、重建方面所取得的显著成就相当了解,认识到李襄臣是原盐生产方面不可多得的人才。因此,日本人以某种方式向李襄臣透露:在日本占领青岛后,愿意以优惠的条件"合作"经营胶州湾盐业。这似乎让人感到有些意外。对于一般人来说,盐滩的治理和工艺的改进是很不起眼之事。但对于了解胶州湾盐业的过去的专业人员,是能懂得其发展的来之不易及其所具有的价值的。尽管他们与李襄臣本人并无什么交往,但对李襄臣的工作有深刻的印象。[①]

　　到了 1937 年 11 月形势进一步恶化,日军即将进攻青岛。怎么办?此时的李襄臣既然绝不愿为日本人干活,又不知"永久黄"团体以后会有统一的安排,只得先回老家,再另谋生路。时间紧迫。于是,李襄臣毅然举家离开了青岛,来到湖南家乡。由此,他也就

---

　　① 据李襄臣女儿李健博的回忆。

暂时与团体失去了联系。在人心惶惶的战乱中大约过了半年,一天李襄臣终于在长沙遇见了到湖南办事的久大老同人张公惠。张公惠惊喜地说:"哎呀! 范旭东他们到处找你。你到哪里去了? 总算找到你了!"其实,范旭东深知人才的造就绝非一朝一夕之功,他关于整个团体内迁的决定,除了"重建生产基地,支援抗战"这一目的外,保住人才,不让团体的技术人员和管理人员离散,以期来日之复兴,也是一个重要的目的。由此可见范旭东对人才的重视,对共同奋斗过的同人的爱惜和尊重。李襄臣得知此事后自然喜出望外。无论前路如何艰辛,能够归队并为抗战出力对他就是最好的安排。于是,李襄臣便于 1938 年 7 月入川,先接受李烛尘的委任,担任设在泸州的运输公司的主任。此时虽然"永久黄"团体主要人员已开始在四川奋战,但还有部分人员、设备,特别是相当一部分家属,尚在陆续向四川输送。因此,李襄臣的工作相当繁忙,初期还须亲自负责护送部分职工和家属转移。在西迁的艰难旅程中,李襄臣不辞辛劳地把繁杂的工作安排得井井有条,但对个人和家人的事往往无暇顾及。就在一次乘船西迁至四川的途中,李襄臣自己年仅 1 岁左右的女儿因患急病不幸夭折。

二、四川自贡挑起新重担

在四川自贡建立新的久大制盐厂,本来是利国利民、支援抗战的好事,并且有利于用新的科学技术来改进古老的井盐生产工艺。

但是在建厂之初，自贡的井盐厂商，惧怕技术实力雄厚的久大抢了他们的生意。虽然久大有盐局的支持，但是井盐厂商仍设置种种障碍。经过多方面的宣传、奔波、疏通关系，自贡的久大制盐厂终于于1938年"九一八"这个国耻日建成开工，煎制平锅盐。

工厂开工后，新的问题是，久大没有自己的盐井，盐卤全靠向当地的厂商购买，原料供应得不到保障。为了自力更生、增辟卤源，1939年底李襄臣由泸州调到自贡，被委任为久大自流井厂卤井课课长。1940年后，久大在凉高山租佃了利成井，开始推汲卤水。久大的员工都是搞海盐生产的，对井盐的开采是外行。此时，李襄臣又一次知难而进，挑起了新的重担——边干边学，主持起井盐盐卤的钻探和开采工作。1942年和1944年久大又先后租佃大坟堡的达江井和马草山的河海井进行钻井和试开采。在这三四年的时间里，李襄臣兢兢业业地奔波于凉高山、大坟堡和马草山，随时掌握钻井的进展并解决盐卤提取的问题。从那个年代的《海王》上也能看到一些报道，例如，1943年，"达江井由李襄臣先生主持，现正进行井内清理工作，装置推卤机，用电力推吸卤水"[1]；1943年，"盐厂新租之达江井，由李襄臣先生加紧筹备……这井以前每日可出盐岩水七八百担，咸度约为四两余。据李先生说，今后可望进至七两余"[2]；1944年，"自流井讯：李襄臣先生身兼两井职务，每日由'河海'而达江……近日河海淘洗工作已鉴到盐岩，李先生精神为之兴

---

① 佚名. 家常琐事[J]. 海王, 1943, 15(31): 156.

② 佚名. 家常琐事[J]. 海王, 1943, 15(32): 163.

奋……"①

　　值得一提的是,李襄臣曾主持的利成井,是久大创造的电力推卤机首次试验成功并开始应用的自流井。②

　　电力推卤机是久大自贡制盐厂所属机器厂厂长彭九生发明的。电力推卤机试制成功后,先在自贡凉高山荣泰井试推,结果因井口木柱受震崩塌而受挫。半个月后,彭九生将电力推卤机带到久大租佃的利成井试推,大获成功,大幅度提高了采卤的效率并降低了成本。久大无条件地提供了设计图纸,向所有井盐厂商提供技术帮助。电力推卤机很快得到推广应用,使长期以来使用牛车推卤的自贡盐业的盐卤开采进入应用电力的崭新时期。利成井也因电力汲卤而出名。

　　李襄臣在四川自贡时期,除了主持盐卤的开采外,还曾在久大制盐厂厂长唐汉三主持建立的恒丰灶副产部承担着重要的工作。1943年的《海王》有报道:"自流井消息:恒丰堂盐业部副产工厂,经唐汉三、李襄臣、刘福远诸位先生费了许多气力,现已进入正轨;氯化钾和硼酸,均大量生产……其原料均系采用恒丰灶废弃之卤水……"③李襄臣原本是学化工的,因此在利用制盐过程中产生的废卤液和废卤渣提炼化工副产品的工程建设中也发挥了不小作用。在同年6月的《海王》上,李襄臣发表了《自贡盐场之新事业——副产厂》一

---

　　① 佚名.家常琐事[J].海王,1944,16(26):208.

　　② 赵志.自贡盐场电力推卤机车的创始[G]//政协四川省自贡市委员会文史资料研究委员会.自贡文史资料选辑:第十五辑.自贡:政协四川省自贡市委员会,1985:170.

　　③ 佚名.家常琐事[J].海王,1943,15(2):16.

文,分析了自贡井盐盐卤化学成分,指出利用废卤液、卤渣生产副
产品的重大价值,论述了副产品工厂生产建设的现状并进行了展
望。[①] 这一新事业也很快得到推广,使当地厂商都受益匪浅。

　　抗战期间,特别是头些年,"永久黄"团体基本上没有收入,主
要靠借贷度日。虽然范旭东尽量保障团体职工的基本生活,但大
家的生活是很清苦的。为了共渡难关,广大职工同舟共济。除努
力工作外,大家还尽可能办起了一些小工厂,如小规模碱厂、玻璃
厂、陶瓷厂、砖瓦厂。这些小工厂一方面对支援抗战和满足内地人
民的生活需要起到了积极的作用,另一方面也有助于改善职工的
生活。李襄臣也在工作之余,先后设计制造洋蜡和肥皂。试制成
功后他又到处寻求廉价的原料,开工生产。《海王》有报道,李襄臣
工作之余试制肥皂成功。其所生产的肥皂物美价廉,人们争相购买。

1939 年久大自贡制盐厂

1939 年久大自贡办事处

① 凝. 自贡盐场之新事业——副产厂[J]. 海王,1943,15(28):185-187.

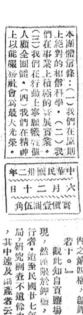

發行者

編輯部：四川樂山犍洟泗垻五六號
久大鹽業公司
永利化學工業公司聯合辦事處
黃海化學工業研究社

海王社

民國十七年創刊

每月出刊三期

△本刊登記證警字五一○三號交字五七九號△

海王

本湖體信條：（一）我們在週期上絕對的相信科學。（二）我們在事業上積極的發展實業。（三）我們在行動上要穩健能耐勞。（四）我們在精神上以能服務社會爲最大光榮。

中華民國廿二年六月二十日　實價伍圓壹角

中華郵政特准掛號認爲新聞紙類

第十五年　第二八期

自貢鹽場之新事業——副產廠

名	日黑鹽水	石食鹽之鹽水（白鹽）	黃色鹽水	廢物沫子
總定質	三·夫○	一六·六四	一六·一八	四七·七○
食鹽	六·九○	二六·○○○	一○·六○○	四九·八六
氯化鉀	○·一○○	一·○○○	三·○○○	六·七○
氯化質合成	二·二○○	九·五○○	四·八○○	六·七○
總定鉀之百分	六·二○○	一·○○○	○·一○○	

本期目錄

▲自貢鹽場之新事業——副產廠
▲人和物
▲西北歸來（續）
▲從傳說名到初民知識
▲家常瑣事

《自贡盐场之新事业——副产厂》一文首页

第五章

回青的波折和创立盐滩研究室

一、永裕回青接收的波折

抗战胜利初期，范旭东派遣一批得力助手分赴天津、宁夏、青岛等地接收"永久黄"团体在敌占区的财产。其中，迟谦若、李襄臣、杨子南等人被派来青岛接收永裕盐业公司。当时国民党当局已将永裕盐业公司以敌产名义予以没收，改名为"青岛制盐厂"，拒不发还。① 经过年余时间的交涉，国民党当局仍然不肯改口。此时，范旭东已经逝世。"永久黄"团体继任董事长李烛尘偕同范旭东之弟范鸿畴、迟谦若等上诉南京政府，但官员们上推下拖，"永久黄"团体仍然得不到许诺。迫不得已，李烛尘以前政协委员的身份，晋见蒋介石陈情，取得了他的手谕："永裕财产应予发还。敌人

---

① 王超凡. 范旭东和青岛盐业［G］//中国人民政治协商会议青岛市委员会文史资料研究委员会. 青岛文史资料：第九辑. 中国人民政治协商会议青岛市委员会，1992：120-130.

增设部分,计价由永裕承购。"①有了这道"谕旨",永裕盐业公司产权应该很明确了,但青岛有关机关仍然阳奉阴违,拒不执行。这因宋子文在幕后操纵,意在将它纳入官办轨道。李烛尘等人再度赴南京奔走呼号。终于永裕盐业公司在 1947 年 6 月正式被发还,并更名为永裕制盐股份有限公司(下文简称"永裕公司"),是青岛各类企业中发还最晚的一家。

永裕公司被劫收将近两年之久,其损失自不待言。这对充满希望,从抗战艰难环境中熬过来的公司员工是很大的打击。李襄臣的心情沉重,一方面因自己花费很多心血修建好的盐田复遭破坏而伤感;另一方面进一步看清了国民党政府的腐朽,感到前途渺茫。他曾回忆道:"重来青岛,原来企业被反动派官僚资本没收,反动政治愈发腐朽,在抗战胜利以后产生的一线希望又成泡沫。尤其看到战前亲身参加修复的沿海盐田复遭破坏,心生伤感。"②李襄臣无条件地迅速投入盐场的重建工作,钻研制盐技术的理论和实践问题,同时着手整理以往的有关盐业生产的笔记,从事写作,如续写《胶州湾盐业》,想在盐业技术的传播上做些贡献。然而,遗憾的是,这一时期在《海王》上见到的,只有李襄臣在重游塘沽后写的日本人在大沽增建盐田的特点的短文。③ 其他文章都没来得及完成和发表,而到后来手稿也未保留下来。不过,值得庆幸的是,李

---

① 王超凡. 范旭东和青岛盐业[G]//中国人民政治协商会议青岛市委员会文史资料研究委员会. 青岛文史资料:第九辑. 中国人民政治协商会议青岛市委员会,1992:128.

② 李襄臣回忆文,未发表.

③ 李襄臣. 大沽日人增建盐田之特点[J]. 海王,1948(2):20.

襄臣总结出来的不少与制盐有关的科学原理和技术方法,在 1949 年后青岛乃至山东省盐业建设实践中发挥了重要作用。

二、研究室的演变和发展

1947 年永裕公司复业以后,杨子南被委任为公司总负责人,迟谦若、李襄臣等任公司的副经理。李襄臣主要负责公司技术管理方面的工作。此时,基于以往的经验,以及国内外工业技术的发展状况和趋势,李襄臣认为盐业技术的改进应根据新的形势和条件,从实验研究着手。他还拟订了建研究室的计划。于是,公司于 1948 年在女姑口盐田设立了盐滩研究室,用来进行原盐生产技术的研究。

李襄臣提出的关于开展制盐技术实验研究的想法,符合“永久黄”团体科学发展实业的观念,得到永裕公司的支持。1948 年,李烛尘与侯德榜、孙学悟、范鸿畴等发起组织久大永利黄海永裕协进会,自北平飞抵青岛视察永裕盐业公司。为了解决研究经费问题,9 月 24 日,在李烛尘主持的在青岛永裕召开的董监事联席会上通过一项决议:“为纪念已故执行董事范旭东,设立‘旭东学术基金会’,委托黄海化学工业研究社聘请专家任学术研究工作。其研究费应以该年度所分配之纯益十二分之一拨付之。”①

据《青岛市志·盐业志》记载:“青岛盐业科研机构的建立,始

---

① 王超凡. 范旭东和青岛盐业[G]//中国人民政治协商会议青岛市委员会文史资料研究委员会. 青岛文史资料:第九辑. 中国人民政治协商会议青岛市委员会,1992:129.

于 1940 年（日侵占青岛时期）私营永裕公司在女姑口建立的盐滩研
究室。"①那个时期，李襄臣正与"永久黄"团体的同人一起在四川创
业。1948 年成立的研究室，是不是在 1940 年原址重建而成的？不
太清楚。但即使是这样，原来的研究室实际上已许多年未开展工
作，也不会留下多少可用的设备。关于研究方向和课题内容的设
置等，李襄臣都有新的考虑。而山东省省情资料库中"山东省制盐
工业科学研究所"条目中明确记载，该所的前身，是 1948 年在青岛
女姑口盐场建立的永裕制盐股份有限公司盐滩研究室（下文简称
"永裕公司盐滩研究室"），也就是李襄臣主持新建的这个研究室。②
该研究室在青岛解放后继续发挥作用并不断得到发展——从一个
小小的研究室，发展到研究所，再到今天的研究院，其隶属关系和
机构名称几经变化，机构所在地也经过迁移。据山东省省情资料
库的记载，该研究室的变化、发展的历程大致如下：1954 年永裕公
司公私合营后，1948 年建立的研究室随之改称公私合营永裕制盐
股份有限公司盐滩研究室。1956 年 3 月，此研究室划归山东省盐
务管理局领导（同年同月，李襄臣调任山东省盐务局副总工程师），
定名为山东省盐务管理局制盐工业研究室。1958 年 10 月，划归省
轻工业厅领导（次年初李襄臣亦调任省轻工业厅副总工程师），易
名山东省轻工业厅制盐工业科学研究所（以下简称"盐科所"），为
厅属事业科级单位，并同时收女姑口盐场 11.25 副盐滩、2 781.39

①　青岛市史志办公室. 青岛市志·盐业志[M]. 北京：中国大百科全书出版社，
1996：140.

②　山东史志办. 省情资料库—轻工业库[EB/OL]. http://lib. sdsqw. cn/bin/
mse. exe? seachword＝&K＝a&A＝23&rec＝397&run＝13.

公亩盐田为试验滩。1960年11月,为了更好地配合新建的大型羊口盐场的发展,盐科所由女姑口迁至寿光大家洼,与山东盐校合并,原房产、地产移交女姑口盐场,实验器材和部分人员随迁寿光。经历了三年困难时期后,1961年盐科所与盐校分立;同年8月盐科所移交山东羊口盐场筹建处管理,改称羊口盐场筹建处制盐工业科学研究所。1962年,根据党中央、国务院"调整、巩固、充实、提高"的八字方针和"缩短基本建设战线"的精神,该研究所被撤销。至1979年2月,山东省计委批准复建山东省制盐工业科学研究所。该研究所编制40人,归省一轻厅领导,为事业单位(处级),所址在寿光大家洼,有试验场盐田面积7 872公亩,年生产能力1万吨。1985年,全所共有职工124名,其中工程师5名、助理工程师14名,有科研设备20台(套),图书6 500册。①

　　20世纪90年代随着规模和业务范围的扩大、技术力量不断增强,1998年,山东省制盐工业科学研究所更名为山东省海洋化工科学研究院,隶属于山东省轻工业协会,院部设于渤海湾畔的国家级开发区——潍坊滨海经济技术开发区。其主要研发方向为海卤水综合利用、海洋精细化工产品开发、均相离子膜产品开发、工业废水处理等。目前拥有国家级研发及公共服务平台——山东潍坊海洋化工企业服务中心1处,包括研发、检测、信息服务和培训4个分中心;拥有省级研发平台6处,包括山东海洋化工生产力促进中心、山东省海洋精细化工重点实验室、山东省海洋精细化工中试基地、

---

① 山东省地方史志编纂委员会. 山东省志·一轻工业志[M]. 济南:山东人民出版社,1993:450-451.

山东省荷电膜工程技术研究中心、山东省溴化技术及应用工程技术研究中心、山东省阻燃剂开发及应用工程技术研究中心，以及山东省盐及盐化工产品质量监督检验站，已成为一个集科、工、贸于一体的综合性的科技产业集团，年直接经济效益和社会效益在几十亿元以上。

以上研究机构演变的过程见表4。

表4　青岛永裕公司盐滩研究室的发展演变

时间	机构名称	所在地	归属机构	备注
1948 年	永裕制盐股份有限公司盐滩研究室	青岛女姑口盐场	永裕制盐股份有限公司	李襄臣任公司副经理
1954 年	公私合营永裕制盐股份有限公司盐滩研究室	青岛女姑口盐场	公私合营永裕制盐股份有限公司	
1956 年 3 月	山东省盐务管理局制盐工业研究室	青岛女姑口盐场	山东省盐务管理局	李襄臣调省盐务局
1958 年 10	山东省轻工业厅制盐工业科学研究所	青岛女姑口盐场	山东省轻工业厅	李调省轻工厅
1960 年 11 月	山东省轻工业厅制盐工业科学研究所	寿光大家洼	山东省轻工业厅	器材和部分人员随迁
1961 年 8 月	羊口盐场筹建处制盐工业科学研究所	寿光大家洼	山东羊口盐场筹建处	1962 年撤销
1979 年 2 月	山东省制盐工业科学研究所	寿光大家洼	山东省第一轻工业厅	省计委批准复建李襄臣已故
1998 年	山东省海洋化工科学研究院	潍坊滨海经济技术开发区	山东省轻工业协会	

　　当今山东省海洋化工科学研究院已是一个很有实力和影响力的科研开发经营型院所。但问起它的渊源，恐怕连该院的员工也只知道山东省盐务管理局制盐工业研究室，因为介绍该院的材料大多都标明该院是由成立于 1956 年 3 月的山东省盐务管理局制盐工业研究室发展而来的，且 2006 年 3 月还举行过隆重的"山东省海洋化工科学研究院建院五十周年庆祝大会"。极少会有人知道，山东省盐务管理局制盐工业研究室竟是由"永久黄"团体在青岛的永裕盐业公司于 1948 年建立的盐滩研究室发展演变而来的；更难得有人知道，有个叫"李襄臣"的人是其筹划者，而这位盐业老前辈在 20 世纪 50 至 60 年代也一直跟随着此研究机构的变迁而调动。其实，山东省轻工业厅在 1960 年之前就有扩展制盐工业科学研究所的研究内容的计划，使其研究不局限于制盐工业，而向化工领域发展，并拟在现有研究所的基础上成立轻工业厅科学研究所，任命李襄臣为所长。在山东省档案馆还保留有 1961 年 1 月山东省委常委批准李襄臣任山东省轻工业厅科学研究所所长的公函。[①] 该函是对 1960 年山东省轻工业厅报批成立科学研究所的回函。只是国家遭遇了三年严重困难，后来又逢"文化大革命"，以至于山东省轻工业厅不仅未能建立起新的科学研究所，连已有一定基础，且在国内具有领先地位的制盐工业科学研究所，也不得不在 1962 年撤销，直至 17 年后（1979 年）才得以复建。这种情况对于国民经济和科学技术发展的阻碍是显而易见的。不过如若李襄臣得知，在他去世

---

　　① 中共山东省委.中共山东省委工业工作部公函[A].济南：山东省档案馆，1961：A110-01-347.

两年后，山东省制盐工业科学研究所得以复建，且迅速发展壮大，在经历了不到 20 年后就成长为实力雄厚的山东省海洋化工科学研究院，定会感到欣慰。尽管他从来没有发过什么豪言壮语，也从来不认为自己有多少功劳，但毕竟祖国盐业、化工业的大发展，曾是他毕生奋斗的理想。

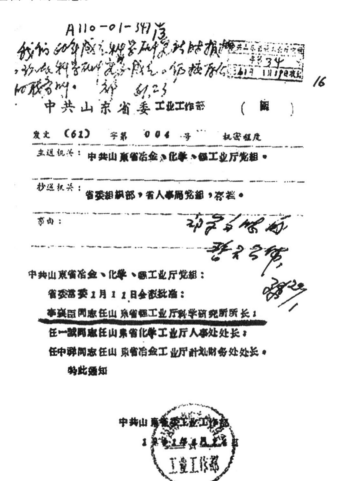

批准李襄臣任轻工厅科学研究所所长的公函副本

　　当然,山东省海洋化工科学研究院由成立于 1956 年 3 月的山东省盐务局制盐研究室发展而来的观点是有依据的。从那时开始该研究室才正式划归山东省的部门领导,并且从"盐滩研究室"到"制盐工业科学研究室"的名称变更表明其研究范畴有所不同。这个研究室也就成为 1949 年以后继轻工业部盐务总局制盐工业试验研究室(成立于 1955 年)之后成立的全国第二个盐业科学研究机构。

　　据《山东省盐业志》记载,自 1948 年研究室建立至 1962 年夏羊口盐场筹建处制盐工业科学研究所撤销,共设立研究课题 59 项。[①]但因机构多次变动,研究资料多已散失,因而课题完成时间已无法核查。现只能将尚存有研究报告的部分研究课题的名目列于表 5。这些资料的成稿时间都在 1956—1959 年。尽管对于这些研究项目,李襄臣参与程度可能不同,但大多都花费了不少心血,做出了贡献。

表 5　1956—1962 年的部分试验资料名目表

序号	成稿时间	资料名目	单位
1	1956 年夏	鲜卤分段结晶与混合循环卤晒盐的比较(1956 年春季试验报告)	山东省盐务局女姑研究室
2	1957 年 9 月 28 日	冰下采咸试验报告	山东省盐务局女姑研究室
3	1958 年 5 月 1 日	关于灰土加固结晶池底试验报告	山东省盐务局女姑研究室

---

① 　山东省盐务局. 山东省盐业志[M]. 济南:齐鲁书社,1992:374-376.

（续表）

序号	成稿时间	资料名目	单位
4	1958 年 8 月 12 日	莱州盐场晒大粒盐的操作经验	莱州盐场
5	1958 年 8 月 13 日	加萘酚氯晒盐试验与加酸晒盐试验	山东省盐务局女姑研究室
6	1958 年 8 月 13 日	1958 年上半年几项现场试验小结（简报）	山东省盐务局女姑研究室
7	1958 年 12 月 3 日	1957 年冬季冰冻制卤试验报告	山东省轻工业厅制盐工业科学研究所
8	1958 年 12 月 3 日	单站蒸发量预测情况简介	山东省轻工业厅制盐工业科学研究所
9	1958 年 12 月 5 日	试行地区性低温预测情况简介	山东省轻工业厅制盐工业科学研究所
10	1958 年 12 月 8 日	加锰晒盐法（修订本）	山东省轻工业厅制盐工业科学研究所
11	1958 年 12 月 10 日	冰下采咸试验报告之二化冰水浓度计算式	山东省轻工业厅制盐工业科学研究所
12	1959 年 3 月 10 日	土法生产盐酸和纯碱介绍	山东省轻工业厅制盐工业科学研究所
13	1959 年 5 月 12 日	插秧结晶试验	山东省轻工业厅制盐工业科学研究所
14	1959 年 5 月 12 日	加氯加锰晒盐试验	山东省轻工业厅制盐工业科学研究所

（续表）

序号	成稿时间	资料名目	单位
15	1959 年 5 月 12 日	加氯晒盐试验	山东省盐务局女姑研究室
16	1959 年 5 月 30 日	试行地区性低温预测试验报告 1956—1958	山东省盐务局女姑研究室
17	1959 年 6 月 12 日	使用新的矽化方法加固结晶池的报告	山东省盐务局女姑研究室
18	1959 年 6 月 12 日	深水制卤比薄水制卤效果大试验总结报告（初稿）	山东省轻工业厅制盐工研究所青岛市盐务局张戈庄盐场
19	1959 年 10 月 16 日	冻制芒硝情况介绍及在盐田中冻硝的意见	山东省轻工业厅制盐工业科学研究所
20	1959 年 11 月 10 日	盐田结晶池底加固防止渗透的试验简报	山东省轻工业厅制盐工业科学研究所
21	1959 年 11 月 10 日	加晒化氯结晶试验简报	山东省轻工业厅制盐工业科学研究所
22	1959 年 11 月 12 日	冻制芒硝试验报告	山东省轻工业厅制盐工业科学研究所
23	1959 年 11 月 15 日	单站蒸发量补充预报的试验报告	山东省轻工业厅制盐工业科学研究所
24	1959 年 11 月 15 日	深水与薄水制卤效果测定的试验简报	山东省轻工业厅制盐工业科学研究所
25	1959 年 11 月 21 日	苦卤制氢氧化镁试验简报	山东省轻工业厅制盐工业科学研究所

　　这一时期地方、企业性研究机构运营规范和环境条件还不完善,没有针对研究报告的技术鉴定和评议资料。不过显而易见,这些课题的设立都源于制盐生产实践,选题的应用性和针对性很强。在那样的环境条件下,研究工作和报告基本不会因个人名利等因素而"注水",研究成果的科学性、可信度和实用价值也较高,尤其是那些李襄臣亲自设计、指导和直接参与的项目。例如,1957年9月在山东省盐业生产第二届先进代表会议上,李襄臣代表省盐务管理局起草的《对结晶方面几个问题的初步意见》文件中,就不止一次引用了《鲜卤分段结晶与混合循环卤晒盐的比较(1956年春季试验报告)》中的数据来阐明晒盐工艺操作中的问题和应遵循的依据。这些资料为当时盐田生产技术的提高和先进科学经验的推广起到了重要的作用。另外从表3中也可以看出,1957年以后的一些研究项目是为了兴建新型的国营盐场和实现山东省老盐滩的技术改造而设立的。例如,关于深水制卤与薄水制卤效果比较的研究项目,就为后来在青岛东风盐场开始的老滩技术改造中,运用"新、深、长"(新卤结晶、深卤结晶、长期结晶)先进生产工艺,抛弃过去"老、浅、短"的旧操作,提供了科学依据。可以相信,对于这些研究项目的成果,当时若能撰写成论文在专业刊物上发表,将会在更广的范围内,促进制盐生产的发展和科学研究水平的提高。这样看来,1948年建立、1956年正式划归山东省盐务管理局管理的制盐工业研究室,不仅是我国制盐研究机构中成立较早的,而且在有限的资金和简陋的环境条件下,收获了较丰硕的研究成果,为以后的发展打下了基础。

三、解放前夕在生存中挣扎的永裕公司

在国民党腐朽政权的统治下,真正有利于国计民生的民族工商业,是很难得到发展的。国民党发动的全面内战,更使得民不聊生,整个国民经济到了崩溃的边缘。在这种形势下,虽然永裕盐业公司员工满怀热情,努力奋斗,想打翻身仗,但是再振兴事业也已不可能。

1949年3月《海王》上,发表了一篇作者署名为明涛的来自青岛的通讯。这篇题为《我们在生存中挣扎》的通讯,从一个青岛普通百姓和公司员工的角度,记述了所看到的和经历着的现实。

此文的前部分记述了1949年1月底和2月份,国民党政府和军队撤退前夕青岛的混乱状况。文章接着较详细地记述了二月八日以后的数天中,政府机关的眷属们为了抢上"海苏"轮和"景兴"轮,发生在六号码头上一幕幕狼狈和悲惨的情景:有冻死的,有挤死的,有淹死的,有夫妻分离的,有子女离散的……

文章后半部分记述了胶州湾盐业、盐民和永裕盐业公司与员工的状况:

胶州湾之所以被人重视一是它有四季不冻的良港,二是因为有个胶澳盐场。盐是一个国家主要的民生和工业原料。胶澳盐产量既大,主要的运输也方便。日本之所以对这块地方,老是发生兴趣,就是这个原故。青岛人

民仅靠盐吃饭的不下十万人之多,这几年来因为鲁东的恶战,各地方团队,齐集在胶州湾盐场区,苛捐杂税、抽兵征粮,盐民都被刮劫得一干二净。往年还有盐务机关的贷款救济救济,尚能苟延残喘。今年不行了,虽然是到了筹备三十八年①春晒时候,而盐务机关也在忙着撤退,就青岛的局势来看,本年的贷款恐怕是无望了。去年运到坨上的盐,现在也卖不出去,近来听说能销运到日本,但是也只是听见楼梯响,不见人下来。就是少数能运出,也是杯水车薪。前些时盐民还有草根树皮充饥,现在也树枯草竭了。

就以永裕公司来说吧。永裕公司占青岛出盐五分之二,有职工一千余名;除了盐滩外,附有精盐厂、洗盐厂和一部分副产品工厂。因煤源断绝,这些厂又早已停工了。靠盐滩来维持开支,可是盐滩又处在风雨飘摇之中,已出之盐销路受阻,运不出去。已运出去的又拿不回钱,真是伤尽脑筋。所幸职工们都是多年的老干部,工厂也是在他们大家的持护下渐渐长大的,所以大家就是吃苦一点也不愿使这个民族的工厂摧毁掉。而今年的春晒,在大家职工们艰苦的维持下,利用往年已废的工具,照常来从事开晒。职工们都说:"永裕公司虽然说是私人的财产,可是早在职工们提出的要求'只准扩展不剥削'口号下,它已属于人民的了,所以我们职工就拿它当作了自己的

---

① 民国三十八年,即 1949 年。

家,艰苦的支持着他,不使它倒下来。"就为这一点,公司当局也在这个万分艰苦的情形下,不像青岛其他工厂,都拼命裁员,而职员也拼命罢工对抗。可见只要公司和职工同人,站在一条战线上,团结起来,民族工业的前途,是无可限量的。至于永裕的兄弟厂"永利""久大"等,据说天津的已照常开工了;在南京附近的,尚在战乱的漩涡中挣扎。永裕职工们祈望各兄弟厂都能学永裕榜样,大家团结,为目前民族工业的生存及将来的发展而奋斗。[①]

从以上记述中可以看出,在那极困难的环境中,在挣扎中生存的永裕公司,仍然保持有"永久黄"团体的企业文化,不像其他企业那样内部矛盾激化。永裕公司员工们能和谐相处,"站在一条战线上",共渡难关。这种现象值得我们思考,这种企业文化及企业运行制度的优势仍然值得我们再发掘和探讨。也正是因为有着这种企业文化,不仅在公司发不出工资的情况下,职工们仍然团结一致地共患难,而且在新社会条件下,公司能迅速焕发青春,为社会做出新的贡献。这可在1950年元旦永裕公司工会在《青岛日报》发表的一篇题为《苦尽甜来的时候到了》的文章中得到证明。文章说:"职工们追念已故范旭东董事长缔造艰难,在今董事长李烛尘先生的领导下,以坚强的力量克服了困难,在极短时间内,即行复工。"[②]

---

① 明涛.青岛通讯——我们在生存中挣扎[J].海王,1949,21(18):196-197.
② 王超凡.范旭东和青岛盐业[G]//中国人民政治协商会议青岛市委员会文史资料研究委员会.青岛文史资料:第九辑.中国人民政治协商会议青岛市委员会,1992:129.

第六章

中华人民共和国成立初的新奉献

一、争先为建设国营盐场效力

中华人民共和国成立后，青岛盐业有了很大发展。政府大力扶持民营盐滩的生产，并逐步对其进行社会主义改造。1954年，永裕公司实行公私合营，李襄臣仍担任公司副经理。1957年1月永裕公司转为地方国营企业，而公私合营永裕公司的制盐厂一直到1967年才转为国营青岛盐化厂。另外，政府积极发展社会主义国营经济，1949年中华人民共和国刚刚成立，国家盐务总局即拨款65亿元北海币（折小米600万斤①），在青岛永裕公司废弃的东营荒滩重建青岛东营盐场。② 该盐场位于胶州湾北岸、胶州市营房镇境内，东起大沽河，西至洋河口，北靠营房镇，场部设于营房镇东营村

---

① 1斤＝500克。
② 青岛市史志办公室志. 青岛市志·盐业志[M]. 北京：中国大百科全书出版社，1996：203.

前。建场工作由山东省盐务局直接领导。建滩委员会于当年 11 月组成。在当地人民政府和人民群众的大力支持下,东营盐场于 12 月动工兴建,至 1950 年 5 月基本建成投入生产,节约北海币 4.49 亿元,共建成新式盐田 164 副,总面积 131 592 公亩。东营盐场年产原盐能力 5.4 万吨,1955 年超产达到 7.8 万吨。

　　《山东省盐业志·人物传》中有记载:"(李襄臣)自投身社会主义革命和社会主义建设以后,积极响应党的号召,认真执行党的方针政策,勇于承担重任。1949 年冬,为恢复建设青岛东营盐场,他主动请求承担该场设计施工任务,在工作中不顾风雪严寒,努力克服困难,按时完成任务。"[①]李襄臣自己为此而感到荣幸和欣喜。他曾回忆道:"1949 年 6 月 2 日青岛解放以后,就在当年 11 月,我得以参加东营盐场的盐田修复工作,以能争先得到建设祖国的机会而感到光荣。在这一段工作中,不管风寒雨雪,都各有不同的愉快……"[②]"不管风寒雨雪,都各有不同的愉快",多么简单朴实的言语,却包含着极丰富的内容和深厚的情感!这其中,既蕴含了一个在黑暗旧社会几乎绝望的忧国忧民的中国知识分子,在见到曙光和国家新生前景时的欢欣鼓舞,又表现出一个经历艰苦探索而积累了丰富技能的专业人才,终于得到施展才华、真正报效祖国的机会的激情。设计建设新型的盐场是李襄臣多年来求之不得的事业。中华人民共和国成立后,他才真正得到了实现这个理想的机会。李襄臣知道新建的东营盐场是山东省第一个国营盐场,尽管它是在自

---

①　山东省盐务局. 山东省盐业志[M]. 济南:齐鲁书社,1992:438.

②　李襄臣回忆文,未发表。

己 20 世纪二三十年代苦心经营并取得成效的盐场的基础上兴建的,但是在盐田结构和设施上绝不能再按老滩的模式设计,必须改变过去分散落后的生产方式。他根据长期研究和实践的成果,综合同行和盐民的经验,并吸取国外的先进方法,设计出了具有"四集中"(集中纳潮、集中制卤、集中结晶、集中堆坨)特点的盐田,并采用动力扬水和轻便铁路平板车运输的方法。这是山东盐业史上第一个机械扬水、铁道运输的新式盐场,在当时海盐行业中也是较为先进的。该盐场增加了有效蒸发面积,减少无效结晶面积。盐场总面积中,结晶面积占 15%,蒸发面积占 80%,蒸发和结晶面积比约为 5.3∶1。每副滩平均 1 723 公亩,为较大旧滩的 3～5 倍。其构造主要有储水沟、蒸发(荒水)池、卤池(台)、结晶池及大小沟道、坝堰埂台等。晒盐工艺流程为:海水由坝外引潮沟纳入坝内储水沟;用动力将海水自高而低,经 10 余里之干支水道送入蒸发池;卤水达 5～10 度,放入晒卤池后,再浓缩到 20～25 度,由输卤沟汇集回卤机房,由动力扬至卤池,然后注入结晶池。卤深 6～8 厘米,浓度保持在 26～28 度,杂质过多则停用。晒制时间与旧滩时大致相同。关于制盐工具设备,盐场增加了海水泵、回卤泵、柴油机、汽油机、场内轻便铁路和平板车、拉盐船等。

在兴建东营盐场的同时,还成立了直属盐务总局的山东制盐公司予以管理。1958 年,山东制盐公司由中央下放山东省管理,隶属于胶州盐务局,盐场亦改名为胶州盐务局东营盐场。同年公司管理又由省下放到市,盐场随又改名为青岛市盐务局东营盐场。1967 年 1 月,盐场改称青岛市东方红盐场。1970 年 5 月,盐场定名为青岛东营盐场。

《青岛市志·盐业志》中记载的 20 世纪 80 年代末青岛东营盐场的概况如下："青岛东营盐场是以生产原盐为主、兼产对虾的全民所有制企业,隶属于青岛市盐务局。场区位于胶州市营房镇境内的胶州湾北岸,东起大沽河,西至洋河口,北靠营房镇,南临胶州湾,与青岛市区隔海相望。场部设于营房镇东营村前。"①

1989 年底,青岛东营盐场全场占地面积 188 230 公亩;其中,盐田总面积 155 172 公亩(含养殖面积 6 667 公亩),房屋建筑面积 2.2 万平方米。科室 13 个,下设原盐生产工区 2 个,还有养殖场、饵料厂、冷藏厂、车队等。职工 590 人;其中,工程技术人员 16 人。固定资产原值 1 793 万元,净值 1 612 万元。机械动力设备 204 台;其中,海盐生产专用机械 60 台,载重汽车 6 辆。高低压线路 48 千米,广播通信线路 38 千米。海盐生产能力 6.8 万吨,实产 8 万吨,原盐优一级品率 100%,年创工业总产值 775 万元,利润 48 万元,全员劳动生产率每人 12 053 元,盐工实物劳动生产率每人 354 吨,各项指标达到了较好水平。另外,产对虾 39 吨。②

20 世纪 90 年代随着计划经济向市场经济体制的转型,1995 年,隶属于青岛盐务局的青岛东营盐场划归青岛海湾集团公司。1999 年 10 月青岛东营盐场改制重建后成立了海达制盐有限公司,并以市场为导向,进行了跨行业的开发发展。2010 年青岛海湾集

---

① 青岛市史志办公室志. 青岛市志·盐业志[M]. 北京:中国大百科全书出版社,1996:202.
② 青岛市史志办公室志. 青岛市志·盐业志[M]. 北京:中国大百科全书出版社,1996:202-203.

团出资,组建成立了国有青岛胶州湾产业新区实业发展有限公司,实施了"退盐大开发"的产业结构大调整。

青岛东营盐场

海达制盐有限公司办公楼

二、为盐田改造和生产技术革新出谋划策

在青岛东营盐场建成后,永裕公司副经理李襄臣,不断对盐田的改良和生产技术的革新提出指导性的建议。《山东省盐业志·人物传》中指出:"1953 年,他对盐田技术革新和生产过程机械化和半机械化问题,提出了一系列建议,并取得较好的成效。"[①]李襄臣对于盐田技术革新和生产过程机械化的关注,并不仅仅是出于提高生产力的考虑。长期在生产第一线工作的他,对于盐工和盐民在恶劣环境下作业的艰辛,是深有感受的。他认为自己应竭力用科技知识来帮助他们改善生产生活条件。他的这些建议和革新思路,在青岛盐业后来进行的老滩技术改造中也起着重要作用。1956 年调离青岛后,在山东省盐务局和山东省轻工业厅的任职内,分别作为总工程师和分管盐业的副厅长的李襄臣也一直在为推动青岛乃至整个山东的盐业发展而尽力出谋划策。在实行严格计划经济的 20 世纪五六十年代,他科学的谋划,自然对地方盐业的发展,特别是对制盐生产技术革新,起着重要的作用。例如,山东盐区是全国盐区开展老滩技术改造最早的,而山东省盐场的老滩技术改造又始于青岛。青岛老盐场的技术改造,是在青岛东营盐场运营经验的基础上进行的。山东盐区的老滩技术改造大致包含 3

①　山东省盐务局. 山东省盐业志[M]. 济南:齐鲁书社,1992:438.

个方面(即"三化")的内容:改造老盐田使其结构合理化,改进晒盐工艺操作使其科学化,以及改善劳动条件、提高效率的原盐生产机械化。这 3 个方面是相互关联的。其中,盐田结构的合理化是基础,而青岛东营盐场建设的具有"四集中"(集中纳潮、集中制卤、集中结晶、集中堆坨)特点的盐田就起到示范作用。另外,在晒盐工艺操作科学化方面,由 1948 年永裕公司建立的盐滩研究室发展而来的研究室(研究所)也做过一些研究。特别是如前所述,为配合推行长芦盐场的"新、深、长"(新卤结晶、深卤结晶、长期结晶)先进生产工艺而进行的关于深水制卤与薄水制卤效果比较的研究项目,就为后来在青岛盐场开展的老滩技术改造提供了科学依据和技术支撑。据《山东省盐业志》记载,山东盐区的老滩技术改造于 1958 年就以原先属于永裕公司的青岛市马哥庄盐场作为试点而实行,尔后分期分批地在青岛东风盐场、莱州盐场、青岛南万盐场、青岛女姑盐场、青岛东营盐场、惠民埕口盐场、寿光岔河盐场、广饶盐场、昌邑灶户盐场大规模展开,主要改造工程 16 项。其中,青岛东风盐场老滩技术改造工程曾获选为"青岛盐业建国六十年的十件大事"之一。[①] 1965 年,青岛盐务局组建改滩指挥部,将该盐区内的张哥庄、马哥庄、程哥庄的老滩盐田统一规划改造为新型盐田。与此同时,经过多次调整归并后组成的国营青岛东风盐场包含了马哥庄、程哥庄、张哥庄、后韩家、王家庄、潮海等盐场的盐田,成了东起女姑口,西到大沽河口,占地 36 平方千米,海岸线长 20 千米(几

---

① 青岛市盐务局. 闪光的足迹——青岛盐业六十年(内部资料)[Z]. 青岛市盐务局,2009.

乎占据整个胶州湾北部海岸线）的大盐场。1966—1969 年对青岛东风盐场进行老滩技术改造，使青岛市盐业实现海盐生产机械化的项目，就是根据 1966 年第一轻工业部下达的《海盐生产工艺、机械试验研究项目》，经山东省轻工业厅批准而实施的。该项目由青岛市盐务局、天津市制盐工业研究所共同负责。其中，工艺机械试验在青岛东风盐场进行，盐机试制在青岛盐业机械厂进行。上述单位组成了两个“三结合”研制小组（科研、生产、使用单位结合，领导、科技人员、工人结合），提出了既节约，又能保证盐质的就地原状土壤加固法。老滩技术改造中的这一科研成果，解决了海盐机械用于海盐生产的关键问题——土壤松软、机械不能下地，为盐业生产机械化铺平了道路，为其他海盐产区提供了技术样板。1969 年 10 月，在青岛东风盐场获得的科研成果通过了国家科学技术委员会、第一机械工业部、新华社、轻工业部、盐务总局及全国 17 个重点盐场代表参加的现场鉴定。1969 年、1973 年两次在青岛东风盐场拍摄了生产现场作业的科教片，同时结合池板工艺改革，向全国宣传、推广使用“原状土耙、踩加固及养护工艺”的成功经验。在谈到中华人民共和国成立后直到 20 世纪七八十年代，青岛的盐业生产技术一直处于全省，乃至全国的领先地位时，原青岛东风盐场场长韩雨顺认为，这显然是与永裕公司在青岛建立的基业和先进的制盐理念是分不开的。另外，无论是当年的盐业生产机械化改造，还是后来的产盐与海水养殖业综合利用的盐田改造和双丰收工艺改革，依靠的都是多学科科学技术综合的系统工程。

庆祝海盐机械试制成功

青岛东风盐场机械化收运盐

青岛东风盐场改造后的盐田新貌

海洋文化课题组访原东风盐场时合影

（左 6 为原盐场场长韩雨顺）

据《青岛市志·盐业志》记载："在积极进行新滩建设的基础上,1966—1987 年,先后对青岛东风盐场(含原青岛潮海盐场),青岛南万盐场(含原青岛女姑盐场)进行老滩技术改造。由轻工业部和山东省轻工业局批准,共计投资 1 996.46 万元,改造老滩和扩充新盐田总面积 65 平方公里,比改滩前增加 10 余平方公里,年产能力近 31 万吨,比改滩前平均年产增加 7 万吨。从产品质量上看,老滩改造前,1957—1961 年,平均原盐一级品率仅有 15.80％,原盐平均含氯化钠也只有 84％,根本产不出优质盐,而且还有 3.5％的次品。改造完成后的 1987 年,原盐优一级品率高达 100％,其中优质盐占 82.49％,原盐平均含氯化钠 95.97％。从 1980 年开始,先后跨入了部优、省优和市优的先进行列,消灭了三等盐,结束了胶州湾不产优质盐的历史。劳动生产率和单位面积产量也大有提高,以青岛东风盐场与青岛东营盐场为例。青岛东风盐场在改滩开始的 1966 年,盐工实物劳动生产率为 128.62 吨,1987 年达到 470 吨,提高 265.42%。大沽河以西的青岛东营盐场,在大沽河以东改滩的同时,1979—1982 年局部改造老滩 4 267 公亩,山东省盐务局批准投资 148 万元,将原盐生产能力由原来的 5.4 万吨提高到 6 万吨,增产 11%,1983 年实产已达到 71 290 吨。"[①]

20 世纪 50 年代,永裕公司公私合营。与公司所有的盐田较早就划归国营的情况不同,永裕公司制盐厂直到 1967 年才更名为国营青岛盐化厂。在此期间,永裕公司也创造了两个全国第一的佳绩:一是 1957 年,永裕公司首次实施真空制盐技术,填补了国内此项技术的空白;二是 1965 年 9 月,青岛永裕公司研制的葵花牌餐桌盐在北京国庆宴会上首次食用,结束了我国餐桌盐依赖进口的历史。当年,该餐桌盐在所有驻华使馆使用,并以其优良的品质受到广泛赞誉。20 世纪 80 年代,青岛的盐业、盐化工业和盐业机械研发生产取得更大的成绩,1989 年实产再制盐 10.3 万吨,占山东省当年再制盐产量的 98%,占国内海盐区当年再制盐产量的 1/3 以上,其规模在国内同行业中首屈一指。原盐及再制盐远销 24 个国家和地区;盐业机械和轻工机械销往国内 135 个单位;盐化工产品销往国内 80 个厂家。[②]

---

① 青岛市史志办公室. 青岛市志·盐业志[M]. 北京:中国大百科全书出版社,1996:43-44.

② 青岛市史志办公室. 青岛市志·盐业志[M]. 北京:中国大百科全书出版社,1996:8-9.

三、传授科学制盐的先进技术

　　李襄臣不仅在国营盐场设计、施工中，在老滩技术改造的筹划和指导中，以及在制盐工艺研究中都兢兢业业、身体力行地操劳着，而且充分利用会议和参观、调查等活动时间了解情况。他每次走访、参加会议都做详细的笔记，虚心听取意见，及时分析并解决存在的问题，总结经验教训，宣传科学制盐的原理、传授先进的工艺技术。1957 年 9 月在山东省盐业生产第二届先进代表会议上，李襄臣代表省盐务管理局起草的《对结晶方面几个问题的初步意见》的文件就是一个例子。这次会议是省内规模较大的会议，李襄臣是这次会议的主席团成员之一。在会上他除了要掌握会议的动态，整理先进经验材料等外，还认真听取代表们的发言，及时分析和解决存在的问题，在百忙中赶写出了在晒盐工艺操作上很有针对性的文件——《对结晶方面几个问题的初步意见》。

　　《对结晶方面几个问题的初步意见》一文共 14 页，主要论述了 4 个方面的问题。第一，加卤部分。这部分内容最多，分 3 个方面的问题：①加卤使用生水（指 23 波美度①以下的不饱和的卤水）好，还是使用饱和卤水好？②一天一头卤好，还是一天多头卤好？③薄晒晒盖好，还是厚晒不晒盖好？第二，捞盐部分。这部分分 2

---

　　①　把波美比重计浸入所测溶液中得到的读数，是表示溶液浓度的一种方法。

个方面：①勤捞问题。②下午捞盐好，还是早晨捞盐好？第三，赶混使用生水的问题。第四，老卤使用问题。①

　　该文不仅深入浅出地说明晒盐结晶过程的科学原理，引用科学研究的数据资料来评定哪些操作是合理的，哪些做法是不合理的或片面的，而且指出结晶操作必须结合水性、土性、天性等复杂的因素，全面分析，同时操作时又有一定的机动性。对于推荐的先进方法，文中说明了具体操作步骤和应注意的细节，并从盐场实际操作的可行性等方面总结出其优点。另外，当时虽然没有明确提出系统的"新、深、长"新工艺操作法，但实际上已经将"新、深、长"新工艺的原理讲得比较清楚了。例如，在"老卤使用问题"一节中，文中引用国外有关实验资料和实践经验说明了老卤中虽然还含有相当数量的氯化钠，但是蒸发过程中随着卤度的提高，卤水中杂质的含量相应增加，当卤水浓度达到 30.20 波美度时，卤水中的氯化钠已不到一半，而杂质却超过一半了。这样，用老卤在占用同样面积和同样蒸发时间、花费同样人力物力的条件下，产出的盐不仅量少，质量又差，是很不合算的。另外，浓度越高，蒸发的抵抗越大。因此，即使在某些条件下不得不利用老卤时，也只能在尽量多使用新卤（新晒制到饱和的卤水）的基础上，有限度地循环勾兑利用老卤。这也就是后来提出的"新、深、长"新工艺中，要强调使用新卤的基本原理。"薄晒晒盖好，还是厚晒不晒盖好？"一节实际上阐述

---

① 山东省盐务局. 对结晶方面几个问题的初步意见[A]. 山东省盐业生产第二届先进代表会议. 济南：山东省档案馆档案，1957：A110-02-859.

对結晶方面几个問題的初步意見（1957年9月6日省盐业会议……二次全省盐业生产会议）

我省海盐晒制历史已久，虽說生产方式絕大部分还是手工作业，但也是我們劳动人民的偉大創造，与逐步积累起来的經驗。解放以来，广大盐工民同志們，在党的正确領导下，发明及推广了許多先进經驗，改进了操作技术，使結晶成品无論在数量上或质量上都获得很大成績。今年上半年，各場干群通过"百花齐放，百家爭鳴"的方針学习，訊識水平进一步提高，对制盐操作特別是結晶部分提供了許多意見，省局訊为：这些意見，大部分是好的，有利于我們盐业改进的。但正由于結晶操作必須結合水性、土性、天性等等复杂的因素，在具体問題上就必須关联起来，全面分析观察才行，否則就不容易断定它的好与坏眞正問題。如有的单位訊为高产单位是由于使生水，或者晒盖、勤捞、使用老卤促成的等等言論，縱然从某一具体现象有其实际領会，但应該肯定这些說法是有一定的限度，不全面、不科学的。关于这些問題省局准备召开专門技术会議研究，將在本次大会上先提出几个初步意見，請大家討論指正。

第一加卤部分：这里面包括使饱和卤与使生水；一天一头卤与一天几头卤；厚晒不晒盖与薄晒晒盖三个問題的孰是孰非，为了便于說明，分做下列三个小点：

(1)加卤使生水好还是使饱和卤好？首先我們要确定所謂"生水"是指22、23度以下饱和的卤水；饱和卤度按我們盐場现用波美表，一般约为25度（漂花点），如以十分之一刻度的精細波美表測定漂花点为26、25度。所謂好或有利的定义，是

~1~

《对结晶方面几个问题的初步意见》首页

的是向结晶池加卤的数量和卤水深浅问题。薄晒晒盖是指浅卤浅到露出了盐碴，上层盐粒已干白，只下层有卤水。文中指出薄晒晒盖由于生长盐的时间缩短，只会减少产盐量，且薄晒晒盖的卤老得快，用老卤晒成的盐杂质多、质量差。文中引用他组织的一些调查的数据加以说明。例如，1956 年 5 月山东省盐务管理局工作组在胶州湾同一池内采样，发现坝盖（池内卤水浅处）比边沟（池边卤水较深处）的盐样中氯化钠浓度少 3.73％，而杂质浓度增加 24％～63％，说明薄晒晒盖的盐质不好。文中从结晶原理、盐田实际环境及光能的利用等方面，总结出深卤较薄晒晒盖的六大优点。这些为后来采用"深卤结晶"工艺提供了一定的依据。在"勤捞问题"一节中，李襄臣列举了试验滩的试验结果。长结晶池子（17 天只捞 1耙盐）比一般晒制池（17 天捞 4 耙盐）多产 1.04 斤（约增产 15％）；在质量方面，长结晶盐中的氯化钠占 90.43％，勤捞的盐中氯化钠成分占 84.86％～86.28％。文中指出，勤捞不仅明显影响结晶时间，而且使得池底易坏、盐质量低劣；批驳了勤捞可以多产盐的错误说法。该文对纠正当时在晒盐工艺操作中的一些不科学思想和盲动现象、普及制盐的科学技术、把干部和群众的生产热情引导到科学发展的轨道上来起到了重要作用，对于山东省盐业的发展有着深远的影响。

李襄臣通过他在设计建设新型盐场、指导老滩技术改造、制盐技术研究和实践活动中的言传身教，通过他在会议上和在基层参观、调查中的交流，以及通过拟订盐业生产发展计划、业务总结报告和有关文件等方式，极力宣传推广先进、科学的制盐发展理念和有效的技术工艺方法,为山东省在盐场设计和原盐生产中推行和完善"三化"(工艺操作科学化、原盐生产机械化、滩田结构合理化)、"四集中"(集中纳潮、集中制卤、集中结晶、集中堆坨)的理念和"新、深、长"的新工艺操作法,奠定了坚实的基础。

第七章

奋战在莱州湾畔

一、新中国盐业新形势

　　盐是关系国计民生的大事。1949 年 11 月至 12 月,中央人民政府政务院财政经济委员会召开了全国盐务会议和全国大城市供应工作会议,对盐业产销和盐税工作做出了一系列重要部署。1950 年 1 月,政务院颁发了《关于全国盐务工作的决定》,财政部盐务总局在北京成立。当年 10 月,第二届全国盐务会议召开,发布了《关于执行大盐田收归国有的决定》。1954 年 1 月,中国盐业公司并入盐务总局(归轻工业部管理)。盐务总局既作为全国盐业产销的行政管理单位和盐税征解代管单位,又是直接经营盐业生产、运销的经济实体,成为新中国的盐业体制雏形。国家将盐业划归轻工业部管理,从而使盐业摆脱数千年来以税收为目的的桎梏,走上了工业生产的道路。与此同时,全国性的和地方性的盐场建设也在不断规划和开展着。

在对农业、手工业和资本主义工商业社会主义改造基本完成后,我国工作重点由社会主义革命转到社会主义现代化建设。在这样的形势下,1956 年 1 月,中共中央召开了包括中央委员、候补中央委员、中央各部委和各省市自治区党委负责人在内 1 200 多人参加的关于知识分子问题的会议。召开这样大规模和高规格的会议专门讨论知识分子工作,在我党历史上是空前的,这表明当时党和国家对知识分子的高度重视。周恩来代表党中央在会议上做了《关于知识分子问题的报告》,指明了科学技术在我国社会主义现代化建设中的重要作用,指出掌握科学技术的知识分子是我国社会主义现代化建设的依靠力量,同时向全党和全国人民传达了毛泽东"向科学进军"的指示。会后,全国迅速掀起了向科学进军的浪潮。① 随后,我国又制定了"十二年科技规划",即《1956—1967 年科学技术发展远景规划纲要(修正草案)》,科技事业进入了一个有计划的蓬勃发展的新阶段。因此可以说,1956 年是中国现代科学技术发展史上具有里程碑意义的一年。

原"永久黄"团体中的科技人员中,在中华人民共和国成立初期就有部分转入国家机构任职;1956 年后,有更多人被任用或被重新调整而委以重任。周恩来曾高度评价永利公司在造就人才上的突出成绩,称其"是个技术篓子"。② 据《中国化学工业奠基者"永久

---

①　江流.中国共产党的社会主义建设理论与实践——科学社会主义在中国的胜利发展[M].青岛:青岛出版社,2001:129.

②　傅国涌.大商人——影响中国的近代实业家们[M].厦门:鹭江出版社,2016:268.

黄"团体研究》记载:"'永久黄'团体向国家输送的技术人才中,任工程师的有几十人,总工程师十几人,院、所、厂、司、局长八九人,副部长两人,部长一人,全国人大代表、全国政协委员总计十几人。"①

就在 1956 年上半年,原"永久黄"团体中的 3 位老人——74 岁的李烛尘、67 岁的唐汉三和 58 岁的李襄臣,都被委以了重任。这一年,李烛尘被任命为食品工业部部长(后食品工业部与轻工业部合并,李烛尘改任轻工业部部长);唐汉三调任国家轻工业部盐务总局工程师,兼任设计室副总工程师等职;李襄臣则被调任为山东省盐务管理局副总工程师(1959 年初调任山东省轻工业厅副总工程师)。与此同时,一国家计划委员会重点投资项目,也是山东盐业史上唯一的大型盐场建设工程,在紧锣密鼓地筹划之中。在这种背景下,为了配合这项工程,正如前面所述,永裕盐业公司于 1948 年在女姑口兴建的盐滩研究室划归山东省盐务管理局管理(1958 年 10 月划归省轻工业厅管理,并易名为山东省轻工业厅制盐工业科学研究所)。这个大型盐场建设工程项目就是 1956 年开始勘察、设计,1958 年 9 月组织昌潍 12 县的 1.3 万多民工,在莱州湾西南岸正式动工兴建的大型国营羊口盐场。

1956 年,李烛尘和李襄臣走上新的岗位后,轻工业部和山东省盐务管理局委托石油工业部北京设计院水文地质室,对羊口盐场进行了地下卤水资源勘探。当年 10 月,山东省盐务管理局在对寿

① 赵津,李健英.中国化学工业奠基者"永久黄"团体研究[M].天津:天津人民出版社,2014:380.

光北部沿海勘查基础上,提出"关于在山东新建盐场(即筹建山东羊口盐场)的初步建议"。同月,国家食品工业部和国家盐务总局成立山东羊口盐场勘察委员会。已年逾古稀的国家食品工业部部长李烛尘曾率队到羊口实地视察。此后,年至花甲的李襄臣全身心投入了艰辛而繁忙的盐场勘察和设计工作。

二、得天独厚的自然环境和历史渊源

国家之所以选择在寿光北部沿海建立山东最大的盐场,显然既取决于这一带得天独厚的自然环境条件,又源于这里有着悠久的盐业生产历史。

(一)自然环境

在大地构造上,寿光北部沿海处于我国东部新华夏系第二隆起带和第二沉降带的衔接部,位于山东3个地质构造区中的鲁西地质区内。沂沭断裂带纵贯其南北,其北段为影响今潍坊地理形势的主要地质因素。寿光巨淀湖、清水泊、乌常泽、寒亭别画湖等古湖泊即是在地质构造中形成的断裂凹陷区,弥河、潍河等主要河流是沿沂沭断裂带中的褶皱凹陷形成的。该区第四纪沉积厚度较大,地下卤水贮量丰富。科学研究揭示出,距今 6 000～7 000 年,莱州湾地区发生海侵。海侵盛期海岸线在今广饶码头、寿光台头、侯镇、寒亭泊子、昌邑北部,海侵期海水所到之处即现在的浅层咸淡水分界线。在距今 5 500 年左右，海水逐渐后退，在今寿光郭井子、寒亭央子、昌邑火道一带留下最早的一道贝壳堤。目前所发现的商周时期盐业遗址主要分布在这道发育最早的贝壳堤两侧。

寿光北部以地貌划分属于潍北滨海平原海岸，全部由第四系松散沉积物淤积构成，地势低平。由鲁中低山丘陵北麓到莱州湾海岸，南北宽 30～50 千米，地貌分带性显著，海岸潮滩为粉砂淤泥质，自海岸向南依次为海积平原、海河积平原、冲积平原等平原地带。海积平原位于潮滩带以上，海拔 2 米左右，宽 3～8 千米，为大海潮及风暴潮侵及地带。海河积平原位于海积平原以上，海拔 8 米以下，宽 2～15 千米，为特大风暴潮浸淹地。冲积平原位于海河积平原以南，海拔 10 米以上，宽 10～30 千米，由流经本区的淄河、小清河、老河、弥河、白浪河、虞河、堤河、潍河、北胶莱河冲击而成。在寿光市、寒亭区、昌邑市平原上散布有 200 余处风力造成的黄土堆积体。冲积平原与海河积平原交接区为湖沼洼地，为全新世沿海潟湖。潟湖干涸，地下蕴藏有丰富的卤水资源。近年发现的双王城、清水泊等商周时期盐场群即坐落其内或处于其北部边缘。该地区沿岸盐碱荒滩广阔，滩面平坦，为盐业生产提供了优良条件。[①]

根据中国科学院海洋研究所韩有松等的调查结果，我国沿海第四纪滨海相地下卤水主要分布在渤海沿岸，以山东莱州湾沿岸分布最广、浓度最高、储藏量最大。"莱州湾沿岸滨海平原的地下卤水生成于晚第四纪，形成巨大的矿带，沿现代海岸地带展布。一

---

① 韩有松，孟广兰，王少青.中国北方沿海第四纪地下卤水[M].北京：科学出版社，1996：95.

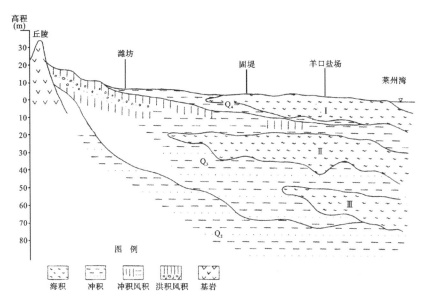

莱州湾南岸平原晚第四系地层综合剖面①

般矿化度为 50～150 g/L,最高有 217 g/L。"在东起莱州沙河,西至黄河三角洲平原,东西长 120 千米的滨海地带,分布有一条连续的巨大地下卤水矿带。矿带宽度受第四纪古地理环境制约,一般 10～20 千米,最大宽度达 30 千米,矿区面积在 2 500 平方千米以上。其中,东起莱州市沙河,西至寿光市小清河口,面积约 1 500 平方千米的莱州湾南岸高浓度卤水区,卤水浓度普遍大于 10 波美度,常出现大于 12 波美度(寿光岔河地区卤水浓度达到 19 波美度)的高浓度富集区块,成为一个个小型聚卤盆地。羊口盐场则是该类型卤水最早大规模利用之地。②

---

　　①　韩有松,孟广兰,王少青. 中国北方沿海第四纪地下卤水[M]. 北京:科学出版社,1996:93.

　　②　韩有松,孟广兰,王少青. 中国北方沿海第四纪地下卤水[M]. 北京:科学出版社,1996:4-15.

寿光北部沿海地区地处中纬度,属于暖温带大陆性季风气候滨海半干燥温凉气候分区,平均年降水量550~650毫米。春季干旱严重,入春后气温回升快,风多,降水稀少,日照率高。3月至6月上旬降水量仅100毫米左右,仅占全年降水量的15%左右。盛夏多雨,占全年降雨量的70%以上,多引起河水暴涨,下游河水漫流。冬季气温较低,雨、雪较少,寒冷而干燥。沿海地区平均蒸发量2 200毫米以上,蒸发量是降雨量的3~4倍。蒸发量以5月最高,为200~400毫米。3月至6月蒸发量为860~1 500毫米,是降水量的7~10倍。平均年日照时数为2 700~3 021小时。年辐射总量121~130千卡/(平方厘米·年),为山东省最高。春季日照时数高达1 019~1 075小时。莱州湾位于胶莱平原气流通道北口,东南风和西北风较多。5月底、6月中旬还常发生持续1周左右的干热风。高温下的干燥气流是盐业生产的理想天气。

(二)历史渊源

《中国盐政史》中有"古代盐产之富,莫盛于山东;盐法之兴,莫先于山东"①的记载。莱州湾制盐历史已有4 100多年了。莱州湾南岸制盐的记载最早见于《尚书》:"(青州)厥贡盐绨"。在公元前21世纪的夏朝初期,古青州沿海一带生产的盐已成为贡品。② 古青州是九州中唯一以盐作为贡品的地方,说明古青州沿海已是当时著名的盐业产地,莱州湾沿岸所产海盐在龙山时代就天下闻名。

---

① 曾仰丰.中国盐政史[M].上海:商务印书馆,1937:66.
② 纪丽真.山东盐业史[M].济南:山东人民出版社,2019:178-180.

　　考古学上不断取得的新发现也证实了历史的记载。多年来在寿光及其周边发掘了多处商周时期生产海盐的遗址,出土了大量盔形器(煎卤罐),发现了用来溶解盐土和提纯卤水的淋卤坑。青州口埠镇等地发现的盔形器,其出土层位关系明确,与商末、西周早期陶器共存,表明其制作年代为商朝晚期至西周早期。山东省文物考古研究所、北京大学中国考古学研究中心和寿光市博物馆等组成的考古队在寿光北部双王城水库发现的商周时期盐业遗址群,足以说明当时这一地区盐业生产之兴盛。山东寿光双王城盐业遗址群被评为2008年中国十大考古发现,是目前国内外发现时代最早、规模最大的盐业遗址群。这些考古发现证明寿光一带是商朝国家制盐中心之一,也印证了地处古青州之地的今寿光弥河下游一带,正是《尚书·夏书》所记"厥贡盐绨,海物惟错"之贡盐的产地。随着双王城完整制盐作坊及其工艺流程的明晰,研究发现山东寿光双王城盐业遗址反映的商周时期海盐生产,已不单纯采用煎煮法制盐工艺,形成了结合日晒和煎煮等复杂过程的技术体系。[①] 另外,相关研究也揭示出,商周时期双王城的盐业生产用地下卤水作为原料,而非直接使用海水等新信息。可以说,山东寿光双王城盐业遗址群是中国和世界盐业考古史上的重大发现,它全面改写了中国盐业技术史和中国盐业经济史。因此,寿光被2009年在北京召开的世界盐业大会认定为世界海盐技术发源地。

---

　　① 燕生东.渤海南岸地区商周时期盐业遗址群结构研究——兼论制盐业的生产组织[G]//北京大学中国考古研究中心,北京大学震旦古代文明研究中心.古代文明:第8卷.北京:文物出版社,2010:88-137.

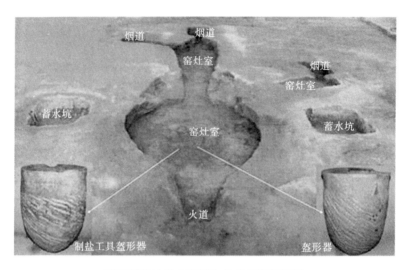

商周时期的盐业遗址和煎卤用的盔形器

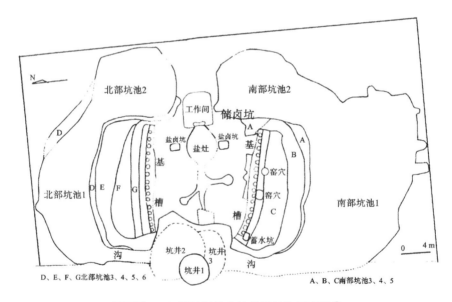

D、E、F、G北部坑池3、4、5、6　　　　　　　　A、B、C南部坑池3、4、5

双王城 014A 遗址制盐作坊单元结构示意图①

①　燕生东. 商周时期渤海南岸地区的盐业[M]. 北京:文物出版社,2013:79.

自商周以来的各历史时期,都有关于寿光地区盐业的记载,近年来也有研究者进行过疏理。姜太公封齐之前,古青州的海盐资源为商周时期的纪国所有。齐灭纪后,古青州的海盐资源多为齐国所有。春秋战国时期,齐桓公任用管仲实行以"食盐官营"为代表的各项改革,使齐国逐步走上强国之路,齐桓公成为"九合诸侯,一匡天下"的春秋第一霸。管仲提出"官山海"的盐法,指由国家垄断盐资源,实行国家专卖,即不管官煮、民煮,一律官收、官运、官销,增加财政收入。据《山东省盐业志》记载,春秋时期齐国年产盐高达 36 000 钟(1 钟约合 640 升),其中绝大部分为当时青州北海郡(今山东寿光)所生产之盐。①

西汉至新莽时期全国有 37 个地方设有盐官。这些地方中一半为海盐产区,今潍坊市的寿光、昌邑列于其中,为渤海南岸盐区中心。魏晋南北朝时期,青州为当时长江以北四大盐区之一。隋唐五代宋辽夏金时期,青齐盐区仍是北方两大盐区之一。唐朝于今潍坊市设有北海盐院。金改青州为益都府,并在此设山东盐使司。明朝时期,今潍坊市内的盐场有寿光官台场和今寒亭固堤场。

利用海滩盐田晒盐开始于清初,发展于乾隆年间,盛行于光绪时期。清朝,山东盐场随其并撤,先后有 19 场、12 场、10 场、7 场,今寿光官台场均列入其中。② 民国时期,山东共有盐场 7 处,寿光官台场为其一,其时山东盐税收入占全国盐税收入的 22%。抗日

---

① 山东省盐务局. 山东省盐业志[M]. 济南:齐鲁书社,1992:200.

② 纪丽真. 山东盐业史[M]. 济南:山东人民出版社,2019:178-180.

战争时期,中共渤海区党委、渤海区公署部署于寿光羊角沟小清河北建立新兴盐场。1949 年,山东省盐务管理局在益都县成立,新兴盐场机关由塘头寨(羊角沟小清河北岸)迁往八面河村坨基(羊角沟小清河南岸)。

(三)花甲之年的征战

1957 年 4 月,正式组建成的羊口盐区勘探委员会进一步开展现场调查工作,当时的山东省盐务管理局局长李祯珉为委员会主任。作为省盐务管理局总工程师的李襄臣显然在业务方面的责任重大。尽管他有青岛东营盐场设计和施工的经验,然而现在要建的羊口盐场规模比青岛东营盐场大得多,且自然环境条件复杂。李襄臣十分清楚,要设计建设好盐场,必须先获得全面翔实的第一手勘察资料,上至天文气象,下至水文地貌、底土土质、地下卤水状况等等,一点也马虎不得。当年的勘察设备和手段还较落后,人员的业务技术水平不高,他自己长期深入那人烟稀少、交通不便的偏僻盐碱荒滩,进行现场考察、指导。在《山东省盐业志·人物传》有这样的记载:"1957 年,为了搞好大型山东羊口盐场的勘察设计,他多次亲临现场,在 100 华里的荒原上,艰苦跋涉,夜以继日地研究分析勘测设计资料,提出意见,为有关领导正确决策创造了必要的条件。"[①]据李襄臣的女儿李健博回忆,在一次会议上,李襄臣的同事曾感慨地说,他看到年已 60 岁的李襄臣,有时一连好几个小时一直

---

① 　山东省盐务局. 山东省盐业志[M]. 济南:齐鲁书社,1992:438.

站在潮滩寒冷的海水里仔细观测潮水的变化,其敬业精神令人感动和佩服。有一次他连续几天这样观测之后,忽然晕倒在了潮滩上。后来查出他患有相当重的糖尿病。在1959年李襄臣任山东省轻工业厅技术革新处处长的呈报表上,他在羊口盐场的勘察、观测工作中的苦干作风,对业务技术的钻研和在技术人员中的威信,得到了充分的肯定。其实,作为编制盐场规划设计书的总负责人,李襄臣知道自己的责任绝不仅仅是为盐场建设工程提出意见,而是必须制订出一整套科学合理、实际可行,且具前瞻性、经得起时间考验的规划设计方案,同时提供充分的基础数据和论证材料。然而,在当时,一方面,根本没有可以借鉴参考的设计蓝本;另一方面,虽然有一批不同专业的年轻人参加工作,但是缺乏真正懂得盐场设计,可以完全独立工作的人才。因此,他为在极有限的时间内高标准、高质量地完成盐场的勘察和规划设计任务殚精竭虑、艰苦勤奋、鞠躬尽瘁。好在当年的党政领导对他的工作给予了充分的信任和全力的支持,各专业的技术人员大多工作热情高涨、虚心学习、乐于钻研、团结一致,勘察报告和初步设计方案终于在当年就完成了。1958年5月,修改后的《山东省羊口盐场规划设计书(代扩大初步设计)》编印。[①] 该设计书编制单位属轻工业部制盐设计院(该设计院此前已划归轻工业部,但所用公章尚未改,仍为食品工业部),"设计总负责人"一栏端正地盖着"李襄臣"的印章。限于当时的条件,赶制出来的设计书封面是刻印的,内文是用铅字打在

---

① 轻工业部制盐设计院. 羊口盐场规划设计书(代扩大初步设计)[A]. 济南:山东省档案馆档案,1958:A110-02-809.

蜡纸上油印的。设计书内容丰富,数据和测绘图件等翔实,凝聚了包括李襄臣在内的参与羊口盐场勘察设计的广大干部和科技人员的心血和智慧。设计书的目录如下:

《山东省羊口盐场规划设计书(代扩大初步设计)》封二

第一章 规划设计根据

第一节 设计任务书,审批意见

第二节 厂址位置及面积

一、厂址位置

二、建厂面积

第三节 地区条件

一、主要气象条件

二、海水条件

三、土壤条件

第四节 设计方针及原则

一、设计进度

二、生产工艺方面

三、运输方面

四、机械化程度

五、防潮排淡方面

第二章 工艺设计

第一节 工艺设计原则

第二节 主产方法与工艺流程

第三节 设备物料平衡

第四节 生产能力

第三章 总平面布置设计

第一节 总平面布置原则

一、纳潮扬水

第四节　新方案投资分析表

第九章　存在问题

　　　一、场界问题

　　　二、经济规划问题

　　　三、副产品工厂及洗涤盐场地址及盐场生产联

　　　　系问题

　　　四、场外排淡问题

　　　五、设计基础资料问题

　　　六、投资问题

　　　七、设计程序问题

附件　讨论羊口规划方案会议纪录

羊口盐场勘察现场的盐碱滩

羊口盐场勘测现场

(四)羊口盐场的建设和发展

羊口盐场建设计划投资 4 200 万元,分多期进行,建成后盐场年原盐生产能力 130 万吨。1958 年 9 月 1 日,昌潍专署从 12 个县调集民工 1.3 万人,羊口盐场开工建设。1959 年 3 月,又从寿光、益都、临朐、潍县、昌邑 5 个县调拨民工 2 万人继续进行建设。这些民工以半义务劳动方式参加盐场建设,劳动工具自带,生活用具自备,住的是透风漏雨的工棚,睡的是阴凉潮湿的地铺,喝的是苦咸水,吃的是粗粮窝窝头和地瓜干,每 10 天改善 1 次生活,吃 1 顿细粮,施工条件极为艰苦。1958—1960 年正是我国"大跃进"的年代,但是与许多地方和部门不顾实际条件、违反客观规律而造成严重损失的情况完全不同,羊口盐场的建设,有科学的指导思想,有翔实的勘察资料,遵循先进合理的设计及施工方案进行。众多的创业者和广大民工团结一致、自力更生、艰苦奋斗,建成了山东最大、最先进的羊口盐场,取得了惊人的成绩。新建的羊口盐场,在短时间内就投入了生产,其后创造出了一个个辉煌成果。

羊口盐场施工现场(1)

羊口盐场施工现场(2)

1959 年,贯彻"边基建,边生产"的方针,羊口盐场有 9 个生产单元部分投入生产,于 4 月 18 日第一次产出原盐。1960 年 5 月,羊口盐场发电厂建成发电。这是山东盐业第一个自备发电厂。羊口盐场当年生产原盐 10 000 吨。

1961 年 5 月已任省轻工业厅副厅长兼副总工程师的李襄臣，考虑到了气象观测和预报对于盐业生产的重要性。当年 12 月，山东省轻工业厅下达《加强盐业气象工作的规定》文件，决定设立羊口盐场气象台。

1961—1964 年，由于全国贯彻"调整、巩固、充实、提高"的方针，羊口盐场滩田设备不配套，新滩渗漏的治理也缓行，产量在 5 万～10 万吨。羊口盐场于 1965 年进行以治理渗漏为主的盐田技术改造，生产稳步发展，1975 年产量在 20 万～38 万吨。

1976 年 10 月开始进行羊口盐场东场建设，1978 年羊口盐场盐田面积发展到 78 万公亩，生产能力提高到 75 万吨。其间，"新、深、长"生产工艺和塑苫结晶技术开始推广。联合收盐机组的使用，减轻了职工的劳动负荷，提高了生产效率。羊口盐场开始走向振兴。

据《山东省志·一轻工业志》记载，1985 年基本建成的羊口盐场"生产原料以海水为主，以地下卤水为辅，滩田结构合理，机械化程度较高"①。"全场分东、西两场，东西长 21 公里，南北宽 8 公里，占地面积 148.75 平方公里，盐田面积 1 363 766 公亩，生产面积 1 092 145 公亩，实际有效生产面积 867 145 公亩。场内设 5 个制盐工区、1 个制卤总工区，附设机械制造厂、电厂、化工厂、洗盐厂、储运队、建筑安装工程队、职工医院、盐业科学研究所、技工学校等

_____

① 山东省地方史志编纂委员会.山东省志·一轻工业志[M].济南:山东人民出版社,1993:30.

单位。场部设 22 个处室及综合服务公司。全场共有职工 4 503
人,其中工程技术人员 105 人。""该厂自备电厂发电能力为 7 500
千瓦。海水纳潮设有头道扬水站,安装 7 台直径 1 000 毫米卧式轴
流泵。有 80 立方米绞式挖泥船 1 艘,提取地下卤水机井 941 眼,
中、小型收盐机 43 台,运盐车 177 台,堆坨机 45 台,活碴机 51 台,
压池机 50 台,各类皮带运输机 56 台。场内运盐设备有轻便铁路
21.6 公里,机车头 5 辆,压路机 5 部及其他动力设备。设计年生产
能力为 130 万吨,目前因尚未全部建成和配套,年生产能力为 101.2
万吨。1985 年原盐产量 45.5 万吨(限产),总产值 4 915.7 万元,实
现利税 308.4 万元;化工、洗粉盐两个直属厂年产值 650 万元;养
虾、制砖、运输、加工等多种经营年产值 321 万元。从建场到 1985
年,实际完成概算投资 9 965.1 万元,累计生产原盐 698 万吨,总产
值 7.46 亿元,实现利税(不含盐税)6 580.7 万元,代征盐税 6.89 亿
元。固定资产总额原值 7 297.4 万元,净值 4 854.4 元。""羊口盐场
除生产原盐外,还生产'渤羊'牌洗粉盐,1978 年投产,1985 年实产
11 万吨;'羊盐'牌工业溴,1972 年投产,1985 年实产 475 吨;无水
硫酸钠,1970 年投产,1985 年实产 9 790 吨,出口 1 400 吨。"①

　　1985 年,羊口盐场收运盐全部实现机械化。机械化收盐的实
施,大大减轻了职工的劳动负荷,是盐场生产实现现代化的重要
标志。

　　已经在这片充满希望的土地上奋斗了 30 年,见证了羊口盐场

---

① 　山东省地方史志编纂委员会. 山东省志·一轻工业志[M]. 济南:山东人民
出版社,1993:98-99.

产量过百万吨,又主持并参与新盐田的开发和老盐田的改造,使产量达到 200 万吨的羊口盐场副场长——吕成乐以"煮海的人"为网名,在其微博上对羊口盐场 20 世纪末至 21 世纪初约 20 年的发展有如下回顾:

> 1989 年新建东场二期续建工程,盐田面积发展到 118.92 万公亩。这几年塑苫结晶面积迅速扩大,塑苫配套设备逐步完善,原盐质量大幅提高,原盐产量稳定在 100 万吨左右。本年度原盐产量首次突破百万吨大关,达到 101.2 万吨。
>
> 1995 年 8 月盐碱联合,成立山东海化集团。针对海化集团内部用盐量不断增加的形势,羊口盐场把精力集中到扩大原盐产量上,走了专业发展的道路。海化集团作为专业生产原盐企业,依托雄厚的资金基础,通过扩建生产单元和改造滩田,使原盐生产能力超过了 200 万吨。海化集团成为全国最大的海盐生产企业。新改造的滩田,使羊口盐场的生产成为海化集团循环经济整体框架的重要一环。提取上来的卤水和浓缩后的海水先送往溴素厂,提溴后的废液送到制卤区浓缩后集中供往生产单元生产原盐,产盐后的老卤送到复晒分场进一步浓缩后送到硫酸钾厂生产硫酸钾和氯化镁。这样达到了对地下卤水和海水资源充分利用的目的。今天,羊口盐场的建设者们将不断适应现代经济发展的需要,再创新辉煌!

羊口盐场的明天，一定会更美好！①

机械化收运盐　　　　　　　　　　回收老卤的泵房

羊口盐场新貌

---

① 煮海的人. 羊口盐场五十年(6)～(8)[EB/OL]. (2009-03-03～10). http://blog.sina.com.cn/lvchengle.

曙光中的羊口盐场

三、结语

如果李襄臣在天有灵,得知他 1948 年在胶州湾所创立的盐滩研究室如今已经成为实力雄厚、成果累累的山东省海洋化工科学院,得知羊口盐场今日的辉煌,他会感到欣慰的。他在花甲之年,披甲上阵,为这个盐场的勘察设计和建设付出过太多的心血,经历了太多的艰辛。特别让人感到欣喜的是,那些在羊口盐场建设战线上努力奋斗的一代代后继者,对于盐场创建时规划设计的优越性有着深刻的理解。2011 年 1 月,在新浪网上,吕成乐发表的博文《完美的"三化""四集中"》印证了这种认识。他的博文《完美的"三化""四集中"》内容如下:

　　羊口盐场1958年开始建设,到今年已经有了50多年的历史,但是与有着近千年的历史的长芦盐场和有着160多年的历史的东北盐场相比仍然显得那么年轻。虽然在历史和面积上不能与百年、千年老盐场相比,但是后来的羊口盐场在滩田的设计和技术的应用方面,借鉴了全国先进的经验,这是其所具有的优势。"三化""四集中"就是其比较突出的特点之一。

　　所谓"三化"就是工艺操作科学化、原盐生产机械化、滩田结构合理化。"四集中"就是集中纳潮、集中制卤、集中结晶、集中堆坨。这样的先进理念,为羊口盐场今后的发展提供了广阔的空间。设计生产能力130万吨的羊口盐场在原来的框架内,在面积减少20%的情况下,2010年原盐产量突破210万吨,成为全国最大的海盐生产企业。特别是最近几年的技术改造中,我们感觉就是在沿着前辈们的脚步继续前进,"三化""四集中"还在为羊口盐场的发展继续发挥作用。不管是由地下卤水逐步替代了海水作为生产原料,还是把制卤面积改造为结晶单元,就是在溴素生产规模提高和苦卤化工技术升级以后,羊口盐场的布局仍然是那么协调、完美、自然,看不出一点瑕疵。并且每一次的改造,建场时的制、保、排系统都会得到更充分的利用,往往投入少,回报多。

　　经过几代羊盐人的不断努力,羊口盐场的经济总量成倍增加。我们依靠的是科技进步,但我们更不能忘记,羊盐的创业者们给我们打下的良好基础。他们才是真正的功臣。①

吕成乐真切的、言简意赅的感言和由衷的赞美，使众多对盐业不熟悉的人也不难感受到《山东省羊口盐场规划设计书（代扩大初步设计）》的真正分量，自然而然地对羊口盐场创业者们的付出和成就肃然起敬。盐业工作者和海洋文化工作者应该思考如何发掘和广泛传播我国的盐业文化。

由于长期超负荷操劳和困难时期的艰苦生活，李襄臣的健康状况逐年下降，旧时得过的肺部疾病复发，后来又患有糖尿病。20世纪60年代的中后期，随着"四清"运动和"文化大革命"的开展，山东省轻工业厅党委书记出于对李襄臣进行保护的考虑，派他到青岛崂山北九水疗养院疗养。然而，后来党委书记自己遭到批斗，李襄臣也被批斗。"文化大革命"对古稀之年的李襄臣的身心打击是明显的，他积累的大量手稿、图片等珍贵资料都毁于一旦。

1976年12月10日，李襄臣因病不幸逝世，终年78岁。

《山东省盐业志·人物传》中对李襄臣有如下评价："李襄臣同志艰苦朴素，平易近人，对工作一贯认真负责，任劳任怨，对业务技术，精益求精，勇于攀登，为山东盐业做出了较大贡献。"②

① 煮海的人. 完美的"三化""四集中"[EB/OL]. (2011-01-12). http://blog.sina.com.cn/lvchengle.

② 山东省盐务局. 山东省盐业志[M]. 济南：齐鲁书社，1992：348.

参 考 文 献

[1] 伴宜. 青岛水道将来之水源[J]. 凝,译. 海王,1935,7(32).

[2] 陈新岗,张秀娈. 山东经济史[M]. 济南:山东人民出版社,
2011.

[3] 陈歆文. 中国化学工业的奠基人范旭东[M]. 大连:大连出版
社,2003.

[4] 陈歆文,李祉川. 中国化学工业的先驱:范旭东、侯德榜传[M].
天津:南开大学出版社,2021.

[5] 陈歆文,周嘉华. 永利与黄海——近代中国化工的典范[M]. 济
南:山东教育出版社,2006.

[6] 韩有松,孟广兰,王少青. 中国北方沿海第四纪地下卤水[M].
北京:科学出版社,1996.

[7] 纪丽真. 山东盐业史[M]. 济南:山东人民出版社,2019.

[8] 李慧竹,王青. 山东北部海盐业起源的历史与考古学探索[J].
管子学刊,2007.

[9] 李襄臣. 大沽日人增建盐田之特点[J]. 海王,1948(2).

[10] 李玉. 范旭东与"永久黄"集团的企业文化[G]//曾凡英. 盐文化研究论丛:第一辑. 成都:巴蜀书社,2005.

[11] 刘兰星,赵伟. 两地争"盐宗"哪个是正传 城阳和寿光说的都有谱. 青岛晚报[N],2012-08-31(3).

[12] 明涛. 青岛通讯——我们在生存中挣扎[J]. 海王,1949,21(18 期).

[13] 凝. 澳盐场施政近况[J]. 海王,1935,7(25).

[14] 凝. 大哥二十寿诞给我的回忆[J]. 海王,1935,7(31)(久大二十周年纪念特刊).

[15] 凝. 恭贺新禧![J]. 海王,1934(新年特刊).

[16] 凝. "关东州"盐田视察报告及对于青岛盐质改良之意见[J]. 海王,1936,9(2).

[17] 凝. 胶州湾盐业[J]. 海王,1936,8(1).

[18] 凝. 青市组织工厂调查团[J]. 海王,1933,6(10).

[19] 凝. 由青岛工业谈到国家大问题[J]. 海王,1934,6(16).

[20] 凝. 自贡盐场之新事业——副产厂[J]. 海王,1943,15(28).

[21] 青岛市史志办公室. 青岛市志·盐业志[M]. 北京:中国大百科全书出版社,1996.

[22] 青岛永裕盐业公司. 青岛永裕盐业公司档案:私人日记及杂记[A]. 青岛:青岛档案馆档案,1926:qdB0062001007130002.

[23] 轻工业部制盐设计院. 羊口盐场规划设计书(代扩大初步设计)[A]. 济南:山东省档案馆档案,1958:A110-02-809.

[24] 山东省地方史志编纂委员会. 山东省志·一轻工业志[M]. 济

南:山东人民出版社,1993.

[25] 山东省盐务局. 对结晶方面几个问题的初步意见[A]. 山东省盐业生产第二届先进代表会议. 济南:山东省档案馆档案,1957:A110-02-859.

[26] 山东省盐务局. 山东省盐业志[M]. 济南:齐鲁书社,1992.

[27] 山东史志办. 民国时期山东的盐业生产[EB/OL]. (2008-11-18). http://lib. sdsqw. cn/history/beiyang/200811/article_11156.html.

[28] 山东史志办. 省情资料库一轻工业库[EB/OL]. http://lib. sdsqw.cn/bin/mse.exe? seachword=&K=a&A=23&rec=397&run=13.

[29] 宋志东. 民国时期山东盐业生产管理研究[J]. 盐业史研究,2008(1).

[30] 唐士坚. 唐汉三生平事略[G]//政协四川省自贡市委员会文史资料研究委员会. 自贡文史资料选辑:第16辑. 自贡:政协四川省自贡市委员会,1986.

[31] 天津碱厂. 钩沉——"永久黄"团体历史珍贵资料选编[G]. 天津:天津碱厂,2009.

[32] 王超凡. 范旭东和青岛盐业[G]//中国人民政治协商会议青岛市委员会文史资料研究委员会. 青岛文史资料:第九辑. 青岛:中国人民政治协商会议青岛市委员会,1992.

[33] 襄. 大连纪游[J]. 海王,1933,6(2).

[34] 襄. 调查淮北盐场的观感录[J]. 海王,1934,7(2).

[35] 襄. 永裕滩务情形[J]. 海王. 1933,6(1).

[36] 盐城市海燕文化研究会. 海盐文化论[EB/OL][2010-10-25]. https://www.chinahymuseum.com/show/27.html.

[37] 燕生东. 渤海南岸地区商周时期盐业遗址群结构研究——兼论制盐业的生产组织[G]//北京大学中国考古研究中心,北京大学震旦古代文明研究中心. 古代文明:第8卷. 北京:文物出版社,2010.

[38] 燕生东. 商周时期渤海南岸地区的盐业[M]. 北京:文物出版社,2013.

[39] 叶青. "永久"团体的《海王》旬刊及其科技文章[J]. 中国科技史杂志,2006,27(4).

[40] 佚名. 华北运动会纪事[J]. 海王,1933,5(34).

[41] 佚名. 记李襄臣君的幸运[J]. 海王,1928,1(4).

[42] 佚名. 家常琐事[J]. 海王,1943,15(2).

[43] 佚名. 家常琐事[J]. 海王,1943,15(31).

[44] 佚名. 家常琐事[J]. 海王,1943,15(32).

[45] 佚名. 家常琐事[J]. 海王,1944,16(26).

[46] 佚名. 久大与胶澳盐业结合——生产了一个头角峥嵘的永裕盐业公司[J]. 海王,1928(7-9).

[47] 佚名. 永裕盐业公司之今昔[J]. 海王,1934(新年特刊).

[48] 曾仰丰. 中国盐政史[M]. 上海:商务印书馆,1937.

[49] 章执中. 爱国实业家范旭东[G]//全国政协文史资料研究委员会,天津市政协文史资料研究委员会《化工先导范旭东》编

缉组. 化工先导范旭东. 北京：中国文史出版社，1987.

[50] 赵津，李健英. 中国化学工业奠基者"永久黄"团体研究[M]. 天津：天津人民出版社，2014.

[51] 赵志. 自贡盐场电力推卤机车的创始[G]//政协四川省自贡市委员会文史资料研究委员会. 自贡文史资料选辑：第十五辑. 自贡：政协四川省自贡市委员会，1985.

[52] 煮海的人. 完美的"三化""四集中" http://blog.sina.com.cn/lvchengle（2011-01-12）

[53] 煮海的人. 羊口盐场五十年（6）～（8）http://blog.sina.com.cn/lvchengle（2009-03-03～10）

附　　录

李襄臣培育子女二三事

李襄臣是一位仁爱、宽厚的父亲。但是他的子女都出生在灾难深重的旧中国,他深感为了生存和发展,健康的身体和吃苦耐劳的精神至关重要。于是他有意识地让子女在幼年时就进行一些训练。例如,为了增强孩子们的抗寒能力,李襄臣让他们冬天尽可能少穿衣服。其女儿李健博记得,在四川自流井,冬天,她和弟弟在于小学操场举行的晨会上,因穿得单薄而冻得发抖。别的学生家长看见了,问他们的母亲为什么不给孩子们多穿些衣服。母亲无奈地回答说,他们的爸爸不让。又比如,虽然从自流井到贡井路途较远,但是为了增强孩子们的体力锻炼,李襄臣会让他们跟在拉着母亲的人力车后面(母亲当时脚有疾患,不能走长路)走着去贡井看电影。

　　李襄臣也很注意培养孩子们独立生活的能力和自立自强的精神。抗日战争胜利后,李襄臣一家由四川迁回青岛。李健博要报考初中,李襄臣就对她说:"我只带你到学校,其他的事你自己办。"于是报名那天,才来到青岛这个陌生地方的李健博被父亲带着从家所在的龙江路,穿过弯绕、曲折、有多个交叉路口的小路,来到了位于德县路的青岛圣功私立女子中学(今山东省青岛第七中学)。在校门口父亲只对她说了一句"报完名你自己回家吧"就先走了,全然不顾女儿是否已记住了回家的路,以及只会说四川话的女儿在报名时会遇到什么问题。

　　20世纪50年代初,李健博初中毕业。她了解到当时北京的高中和高等教育机构的条件比较好,选择的机会也多,萌发了到北京求学的愿望并得到了父亲的支持。于是李健博告别了家人,只身一人去北京上高中了。1953年,李健博高中毕业,被选入政府设立的留学苏联预备班,继而被选派到苏联上大学。

　　李襄臣根据自身的经历,深切地体会到提高文化程度和科学知识水平,对于个人和社会都是极重要的。因此,即使是在极困难的抗战时期他都尽可能为子女提供优质的教育资源。当时,年龄小的子女被安排在自流井的团体子弟学校(明星完全小学校)上学;年龄大的,如李襄臣已到上高校的年龄的长女和长子,则被安排到由沦陷区迁来四川的大学求学。李襄臣平日对子女学习的管束倒是比较宽松的。他希望孩子们学到有用的知识,养成自主学习的习惯,健康地成长,从不强求要考出多高的分数。对于孩子们的专业选择,李襄臣立足当时社会的形势和需求,主要尊重他们自己的愿望。因此,其子女中有学社会科学的,有学自然科学的,也有先参军进而到高校进修的,还有学艺术的。其实,李襄臣自己就有多方面的才能。一方面,从他的专业成绩和工作业绩来看,他不仅有坚实的数理化知识基础,且具有综合运用这些知识来认识自然、解决实际问题的能力;另一方面,他的文字功底也是很深厚的。除了专业论文、报告写得很优秀外,他写的散文、游记、杂文等都很出色。另外,其草书受到极高的评价,而其绘画技能也相当突出。这些无形中对其子女都或多或少有影响。

李襄臣是一个廉洁奉公的人,不仅自己公私分明,也不允许子女占公家一点便宜。李襄臣无论是在任永裕公司领导时,还是在1956年以后任厅级干部期间,都不允许家属搞特殊。永裕公司接送中层干部上下班的班车经过李健博所就读的初中附近,她有时放学后就会坐班车回家。李襄臣知道后对她进行了批评。

李襄臣的贤内助周淑纯

李襄臣的第二任妻子周淑纯于1903年9月出生在湖南省长沙县一户较殷实的家庭中。她是家中的老大,其下还有4个弟弟和4个妹妹。她从小就表现出有聪慧的天资、自立自强的精神和对自由生活的向往。她对那个年代的一些不良习俗和妇女受歧视的状况很不满。那时的女孩都被要求缠足。她小时候也曾被强制缠足,但她坚决反抗,认为这很残忍,并会妨碍女人的生活。幸好其父亲是较开明的人,在她的坚持之下,也就破例放了她一马。那时候,读书上学也只是男孩子的事,女孩子是没份儿的。她很想读书,但是她知道和男孩子一起上课读书是不可能的,只能想办法自学。于是,当她的弟弟们朗读课文时,她也跟着一遍遍默默记,直到背熟。在这基础上,她在弟弟不用书本的时候,把书借来,通过一边背诵,一边看课文的方法来认字。慢慢地,她认识的字越来越多,她对每个字和词语的含义和用法也逐渐明了了。就这样,虽然她没有上过一天学,也没有人私下教过她识字,但是她后来就能看一般的书报杂志、广告和说明书之类的文本了。至于她的算术,特别是心算是怎么学的,又是怎么算的,就不得而知了。令跟着她去买东西的孩子都感到很神奇的是,只要卖主称出要买的东西的斤两,她马上就能准确地报出需要付的钱数。女孩的婚姻大事,在那个年代也都是由父母决定的,自己是没有选择权利的。但周淑纯坚持自主确定自己的配偶,不愿随随便便嫁人。在很长一段时间里,虽然来求亲的人络绎不绝,但是没有一人是她满意的。直到1932年,已是大龄青年的她一见到由青岛返乡的李襄臣(此时其妻已因病去世),且听说过他的一些经历后,果断地确定:"我要嫁的就是他。"他俩就此结下了良缘。随后她便匆匆跟着李襄臣回到了青岛,担当起了相夫教子的重任。当时李襄臣在工作和生活上都处于艰难困苦时期。其前妻长期患病才去世不久,留下3个孩子亟待照料。周淑纯是个勤奋而又会动脑筋、爱学习的人。作为家中的长女,她之前就协助父母,承担家务,照料弟妹,因而在涉及衣食住行各方面的家务劳作方面,可以说样样在行。就拿"食"这方面来说,她会制作豆腐乳、腊八豆、霉干菜、豆芽菜、各式腊制品等,能够烹饪各色佳肴。她也懂得一点利用中草药或食材调理滋补身体和防病、治病的方法。在当年生活很拮据的状况下,周淑纯勤俭持家,精打细算,甚至有时能变废为宝,将一家人的生活起居和孩子们的成长学习安排得井井有条,完全打消了李襄臣的后顾之忧,使其能够全身心地投入重建胶州湾盐田和提高产盐质量的艰难任务中去。两三年后,胶州湾盐业才有了起色并进入大发展时期;而1933 年至 1936 年,也成为李襄臣撰写文章和专著最多的时期。他的这些成就,显然与家中这位贤内助的支持是分不开的。自此之后的漫长岁月里,他俩共同经历了一系列的严峻考验。从国难时期拒与日人合作而来到四川自贡接受新的挑战,到回青岛后在生产难以维系的条件下成功开展了盐滩实验研究,再到中华人民共和国成立后争先为建设新型的国营盐场做出重要贡献,周淑纯一直是李襄臣的坚强后盾。他俩同甘共苦,相濡以沫地度过了富有家国情怀的时光。

周淑纯敦厚坦诚,古道热肠,乐于助人。家中常有亲族友邻、同乡和李襄臣同事等来做客,她都热情接待。她与李襄臣的同事很融洽,这使他们在工作生活中更能团结互助。青岛解放后,周淑纯这位从未上过学、还只会说一口本地人不易听懂的"湖南话"的中年妇女,却连续数年被选为协助街道办事处联系群众的居委会安全组组长。她迁居济南多年后和青岛的民警都还有联系。周淑纯晚年四代乐享,享年 92 岁。

李襄臣盐业文选

永裕灘務情形

襄●

膠澳鹽田，開創之歷史甚淺，其構造純效法金口，初時多小規模之晒塲。其歷史淺也；故其法不盡良。日人經營及構造太難，其經驗少；其經驗少也。後有大規模之鹽塲。日人經營後，位置過低，而且，只求充敝，不論美惡，加以被潮毀，其構造不免位置過低，兼收並從舊觀，仍遊之故。以後，顏貴處理，經營七八年，交涉經改，坐令荒蕪，故公司接收之時，差具成績，茲將本公司灘務情形紀略如後：

一、鹽灘面積。本公司鹽田，東起浴口，西至薛家島，海西河東，海西河西，孫哥莊，繇家瑩子，東。

鹽村，海莊，馬哥莊，紅石崖，韓家莊，東大洋，蕭家莊，張哥莊，王家莊，趙孫嶺，河套，薛家嶺，二十四付，棉豆村，小石洋，八十餘里，其外許可開設之地，尚未在數列之中。

二、租灘情形。民國十四年公司初創之時，所有鹽灘，全部租價，歷年近萬餘元，而所繳租金者無力繳納租金，其租金極微，租出之斗子一付為一百六十八付，後逐職繼續收回自晒，租價恐已達有餘點也，租價四分之一為一通。（每付斗子四分之一為一斗子數。）以膠州灘將來情形言之，本年止，歷年所晒之斗子數，逐年有增。

三、自晒鹽塲斗子數。民國十五年，公司自晒僅三十四付，嗣後年有增加，迄今已達五百餘付，設辦公處七處，每年工人名額一千名，逐年工人名額一千名，歷年所晒之斗子數，列後表如下：

辦事處	十五年份 自晒塲數	十六年份 自晒塲數	十七年份 自晒塲佈數	十八年份 自晒塲數	十九年份 自晒塲數	二十年份 自晒塲數	廿一年份 自晒塲數	廿二年份 自晒塲斗子數
海西	三四	三四	三四	三五	四一	四一	四一	四一
下崖		六八付	六八付	六九付	六九付	七七	七七	八七二五付
南萬		四五	四五	四五	六〇	六四	七八,〇五〇二五	七八,二五
程哥莊蕭家莊	二一	三四	三六	三六	五六	七七	三七	四〇
東一盤塲		二一	三四	三六	三六	五六	七七	七七

生產卽經手收買，或在國外謀出路運之出口。或在國內覓銷塲製造成品。本社生產之收入，用作擴充基金，將來店菁愈多，則逐步推及勸，植，魚之改進，民族之仰賴實多。第一步，總須我國仁本原來爲公司服務之精神，進而爲國家民族服務，了

解我團體之應有義務，希能爲社會謀出路，能力所及，勇往赴之。成敗可不必計，則他日之成功，所得之榮幸，豈止我團體而已哉。所望我海王，詳加檢討，以期組織完善，進步迅選，而將來有賴於貴王之宣傳者更多也。

《永裕滩务情形》1

東蠶場	五一	八九	八九	八九	八九	八九	九九
海莊				五四	五四	七四,五	
合計	三四	一五一	二七〇	二八五	三二三	四〇,五 四五七	五九,五
備考	蔡家與程彝莊共一辦公處，其斗子數原爲二十付後改作十付通						

四、自晒鹽灘之產量，實與營業繁榮有莫大之關係。公司本身產鹽之多寡，在前數年臨區存鹽過多之時，尚不感覺重要。近兩年來輸出漸多，大有求過之勢，故各商之間，不免有競買之舉，於碼頭鹽價值，無顯著之增高，則價格將立見升騰，以商業言之，遠不够分配，則公司能自給自足，無須在外收買，就爭尚少，於供

若成本過大，利益自微，故公司鹽田血本，平年可產量約五萬噸，迄今約七萬餘噸，分年修復，預計可達接收時之增修之數。百四十餘付，分年修復，今年已呈稍稍見效，平年可產量約五

目，自產之量，適可自給自足也。
五、成本之量，比較及環境之應付。
膠區天氣，約同南方，雨水過量，且鹽場距青島水程六十里，故產量較低，而一般民人技術較低，非時可奏效也。然而青島鹽，極力必勝此高價之物而銷于國東州擴充鹽場，近年亦極力於圖東州擴充鹽場之故青島鹽之成本，

沒一項，長處，一般人工之技術較低，恒高於投資也。因其歷史不能於圖之中，國自佔中國之饒，可呈效即於青島鹽，若青島鹽，若不欲求利銷，而日本傾銷，日本自侵佔東北之後，故青島之鹽，極力設法減輕成本以應付此環境，

並斗子五百餘付爲常，年可減輕二萬餘元，對於三百九十餘付，以進結當，本以後新開二萬缸，則歷年加重之程度，至然，如此猶未進，砂品池質，以求產量增加，

公司灘務之情形，仁爲對此黽勉從事面與吾輩同仁略知面最要者，本一之應付方法，多所建議也。

《永裕灘務情形》2

調查淮北鹽場的觀感錄

凝·

△淮北鹽場與長蘆青島之比較

前，吾人乘汽車由新浦至板浦，即路過雲台山，雲台分為二峯，其中若斷，東峯與東西連山相連，連雲山突起海中，與西連山對峙，成一海峽，連雲港碼頭即建於此，蠶立睿漢，蔚為淮北之名勝，俗稱若雲台山週圍三百里，此三百里雲台山在淮北鹽場面，芙蓉片片，蔚立睿漢，雲台山週圍三百里，此可以想像淮北鹽場之大也。以雲台山為目標，山北為濤雒原屬板浦鹽場，更東岸，積之大也，現亦劃為淮北區管轄，山南為中正場，更

南為濟南場，綿亙四縣，蜿延六百里，淮北鹽場之大，實為全國之冠。茲將調查所得，與長蘆青島作一比較，並逆之以實海王，亦藉供吾鹽業者之參考。

（一）淮北鹽田之構造及與青島長蘆之比較

附圖一　淮北鹽場圖
附圖二　長蘆鹽場圖
附圖三　青島鹽場圖

淮北鹽場之構造，以坵子為單位，每坵約三百尺見方，面積約一千五百畝，其中結晶池

— 37 —

《调查淮北盐场的观感录》1

淮北鹽格田圖

（附圖一）

長蘆鹽田圖
塘沽菜畦灘圖

（附圖二）

青島鹽田圖

（附圖三）

《调查淮北盐场的观感录》2

長蘆青島風車圖

淮北風車底座圖

鹽場用具圖

《调查淮北盐场的观感录》3

之技術，鹽場之構造，亦受影響不小。三處鹽

鹽場笆圈圖

其係一其量之蒸發耗費與

良有待焉，蓋吾人之及於天然

現世紀不改其分未，以天然

靠天吃飯者，三倚人之及於

之富，倚於
之人當與吾同

以人力勝天為法，記者亦甚其事，願與吾同
務者努力焉。

（五）淮北鹽場之組織及成本並與長蘆青島
較便於青長也。
二者，本價須一，四項之成本因運輸過遠，
皆廠近，本須四角有餘於此也。間之大源公司之場，竈費比淮北比
給資用其月每戶均備以坨
青坨頭與長蘆之灶距坨，泥工
變賣，長，每戶容屬鹽均須四百分者，由坨頭屬灶主其糧
（五）淮北鹽場之直接曬鹽者為灶戶，現在灶主以灶溝道堤防之修理等事也。

淮北鹽場之比較
長蘆青島
之存鹽地，
分濟南中
正臨浦運
其寬與
帆，濟南

為廉，較之長蘆則費多炎。
船場，四坨
裝鹽可，淮由各場開一溝渠，
長蘆之方可裝輪運
入坨，較感困難也。

新開連雲港

（七）結論淮北鹽場之大區，一原因有山陵
多樹木，離有荒地，茂草叢生，
土質粘細，浮泥不起，故鹽色潔白故

十里之遠，時間受其限制，二則運至青島
之成本之大，此又

更為低，雨量極少，氣候優良則運便成連
後之時，天寒極，而
副產碰硝物等，

淮北運鹽入坨之情形

湖一極出場，則便，青島輪船兩便興
水則須入坨
內有六長依，
則火車出
除輪
輸外利

濟之進，次步一
間之數步數中
而津浦之經過，一次內戰恢復難也。

有故碎道之餘，而且路者最之想，吾
茶復被敗，因價之亦無涂，
不足時尋，臨業之少，
津浦鐵路道中，每一歸
其二，中故一番經

至濟，屬
究步之內，
知以，圖
分配，凶
不足時尋

徐之印，遠至
來徐州往墟轉
返天津南南行
究生千里
何，母後久然
想？所給極每外至

（八）附記！此次旅行程由青
至臨南京津
不京遊南下
卸鹽甲場以
不環境，新
由舊南遊，
旅遊

利物鹽北，淮
在費言之強，
淮北之鹽無
勝於潔白而
以得人和為
昌國食科學

供於採集，青島之鹽，端賴總出
以形勢言之以長蘆得天時也
鹽北青島無法與淮
於潔白以
美淮北鹽生於北
本且成一所之維種食
者望之難殘

於經過過
以得餘燒
一日而
而津浦鐵道之
津浦道路
之經過
覺多濟
知客震行利周

易於採集，青島之鹽
不強淮北之
之費鹽言之
青島之間，
惟是則色澤
故鹽色澤於長演
公例之
改，其，換以，
輕微者生於北

向於採集，青
與他處
他利則與長蘆之
較短成長
中正臨浦鹽
鹽坨，故直隨
業危也

用鹽價輕
之販，故外之
遣非徒，趨
中國接能也
工業作業
業，業而

杜以以鹽北
絕與他處
而處較色短長
而自色澤
中間鹽而言之
中國接能也

《调查淮北盐场的观感录》4

《调查淮北盐场的观感录》5

膠澳鹽塲施政近況

凝·

膠澳鹽塲，自加稅以來，偷鹽之風日熾，當局再四研究，規定防範偷竊辦法數條，昨在召集鹽民代表，公佈施行，茲錄其大意於後：

一、各灘灘池為須裝設鐵葉藩圈子，鹽中鹽池須分大中小三種堆置，大堆中堆三百石，小堆一百石，裝鹽時須報。

二、告後鹽池須開片。

三、鹽中斗子須計產量，過額停晒，不够則作偷稅論。

四、上述四條，大略讓我來估計估計價值，用數目字表示一下，大略如左：

1. 鐵葉藩圈子，每付斗子池地寬約二一〇尺，需用鐵藩三〇根每根洋四角合計 一二·〇〇元

2. 大中小鹽池，每付斗子約二千付合計 一〇六·〇〇元

全需用人工二個 計 四·〇〇元
全灘區約二千付合計 一〇六〇〇·〇〇元

3. 上述四條……

這條數目字從何處表示起？譬控蓋印四字是「知」，你若行起來，就有得算了。

這幾個字……依公的方面說，每付斗子鹽池二百四十尺，每驗一處約有三百付斗子鹽池的道路因清延關係異乎尋常的曲折，走過這些道路都……

4. 照得點板裝鹽方面因潮水關係船板延長一日一付之工資伙食二……全灘區約二十萬噸，總計合計需多費工資伙食 五七四四九·〇〇元

這些限定產額……

萬元。

還有豐年歉年，其產量不同，平常在豐年可以將剩下之鹽以補歉年之不足，一旦限制則歉年無法補歉年，釋區在歉年約少鹽六萬噸，每噸值六元，計損失三十六萬元，釋區每年如此說來，四條之總值為

106600
80000
57449
10000
360000
十 614240元

如上，用加法加起來，得六十一萬四千二百四十元，惟其中鐵葉藩可用三年，如是相加，一百四十元，釋區若依每年折舊一角俟之譜。

均為二六一〇〇〇元
均需一一二〇〇〇元
均損耗二九萬七千英噸計，如每年平年折舊本每噸規定一角俟之譜。

《胶澳盐场施政近况》

關東州鹽田視察報告及對於青島鹽質改良之意見

（甲）關東州製鹽情形

鹽田面積

日人之在關東州經營鹽田者，有大日本鹽業株式會社，東洋拓殖株式會社，武田政吉，宮田仁吉，矢原重吉五家，約佔全面積四分之三有奇，其中以大日本鹽業會社之鹽田為最廣，約佔全面積四分之一耳。除則為中國人經營之鹽田，惟不過現在鹽田面積，加之八分之一耳。茲將現在鹽田面積，表列於後。

區域	經營者氏名	面積（每町九反二七）（公頃）
旅順	大日本鹽業株式會社	九二·七四
同	本國人鹽田	五〇·六〇
同	計	
旅順	本國人鹽田	
大連	本國人鹽田	
同	計	
金州	武田政吉 宮田仁吉	二六·八〇
同	本國人鹽田	
同	計	
普蘭店	矢原重吉 東洋拓殖株式會社	
同	本國人鹽田	
同	計	
貔子窩	大日本鹽業株式會社	
同	本國人鹽田	
同	計	
同	合計	

產量及鹽之種類並成分

膠州灣鹽田面積之與關東州相較，約合二十萬頓。至成熟年，其產額約三十萬擔，關東州鹽產現見已超過五十萬擔，其趨勢為多。現在製造能力年約四萬擔，而東洋拓殖會社於旅順新開之灘，就場製鹽，除原鹽外，各種加工鹽。而大日本鹽業，多敷分洗滌鹽兩種，將來可全部洗滌。其鹽之種類與成分，如下表：

鹽之種類	水分	夾雜物	鹽化曹達
土等原鹽	六·八九	五·三〇	八七·八〇
並等原鹽	六·九九	二·六四	八七·四六
特殊結晶鹽	五·九〇	一·七七	九二·三一
精鹽	四·二五	一·九〇	九三·八五
洗滌鹽	一·九〇	一·四八	九六·六二
粉碎洗滌鹽			

鹽輸出碼頭

關東州鹽田所在之地，多屬瀕水灘，前者鹽用船運往旅順各港，然後建設棧橋，其直接可以裝輪之地亦有之。須用船運往旅順一港，現在則於旅順港碼頭，便利裝輪之費多矣。刻能之地，較建設棧橋可以裝輪之地為省。普蘭店管內，旅順管內，城子疃，西海口島，大長山島，貔子窩，大連，各地均有之。以上所述，為關東州鹽業之大要。此次參觀鹽場四，試驗場一，茲將耳目所及，分別述之於後。

雙島灣鹽田

此場面積為六百四十町，約合公畝六萬三千五百畝，本年產約四萬頓，其地土質顏色白至淡黃，色白田透明，故所產鹽純淨潔白，約佔全額三分之一，其最佳者約十二萬擔，應用石子灘，並不放鹵，未見其他利用設備仍為洗滌……

（表中數字為洗滌機四組，每組十二小時能洗六十萬擔）

營城子鹽田

營城子係新場，其構造貯水池甚廣，洗滌場之鹽造車甚優，雙島灣池之十餘倍，不粉碎，洗滌滷液相同用以主要所述，稱完備，洗滌能力每日可產鹽一千噸……

綜觀全場晒製情形，可得三要點：然天寒時，除實用鹽田外，有供試驗之鹽池二，一為小石平鹽，一為小石子，其洗滌後必須石成底，設備費亦甚小，且費用亦最少，每立坪等約十六元。

（footer）— 22 —

《"关东州"盐田视察报告及对于青岛盐质改良之意见》1

長店堡鹽場

長店堡係新開鹽場，其構造之長處，在一蒸水場，之略廣，而結晶池面積約當全場面積十之一，由此可知鹽場上蒸水場之長處也。其曬製鹽之方法，均與他場相同。

三道灣鹽場

三道灣場，為關東州認為最新式之鹽田，採用管理之甚方便，探究結晶池中鹹質全入此池，以減少雨水之稀薄也。按關東州鹽田電費，每啟羅費日金三十八錢（每町電八厘。

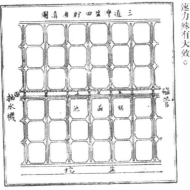

三道灣全部配置圖

五、三道灣有南北兩場，均凡此場之溝，自南場之貯溝橫貫且直各入，然後由抽水機分配至貯溝，其構造與南場結晶池製法均不同。北場者其入蒸發所得之鹹液，凡在蒸發時中蒸發，所得之鹹液較多，故南場之利害能相償與否，須待數年後，數字之證明也。

優點貯鹽所均大水稀患之甚，則為北場之利，利害者相權之，其利害能相償與否，須待數年後，數字之證明也。

旅順試驗鹽場

關東州試驗鹽場為關東廳所立，有旅順及大房身二處。中式鹽田試驗，其預定之試驗項目分為：

特殊式採鹹池試驗
鹽田樣式及器械改良試驗
鹽田芒硝之製造試驗
鹽田施設之改善試驗
長期間式結晶池試驗
地曬式結晶池試驗
洗滌式試驗
移動曝曬時用試驗
海水及鹽礬之濃淨試驗
保時寬用試驗
海水濃淤時洋灰磚試驗
海水及鹽分泌試驗
氣象及製鹽關係之調查
促進蒸發試驗
凍結式製造試驗
鹽田土壤物理化學之研究
海水濃淤時物理化學之變化及結晶方法之研究
鹽之結晶方法及色澤之研究
鹽及食鹽中雜質及其他製造試驗
介有海水分析試驗
以鹽水及鹽製造之分離試驗
苦汁中成分之分離，主要原料及食品及工業品之研究
各種特殊試驗
製鹽特種及苦汁利用試驗

各區承辦試驗以下列各點：
一、不好之鹽仍洗不好，好鹽方能洗好，

赴旅順視察各種改察試驗因承說明關東州先生在旅順分析檢定試驗狀態及之意見故即。

《"关东州"盐田视察报告及对于青岛盐质改良之意见》2

故彼意仍以從根本改良着手。

二、洗滌之方法，究以如大日本鑛業之費鉅資置機器建工廠以洗滌者為優歟？抑用小規模之手工洗滌者為合宜歟？彼以為尚屬疑問也。

三、根本改良之方法擬現在試驗結果，原擬超過三十度者即行放棄。惟此項放棄之法，至今從未達到此度，自以加硫酸錳者為優，惟其缺點即着色甚濃，現在研究中所含苦汁，原擬超過三十度者即行放棄。然至今從未達到此度而得較良鹽質，借鑒他山，對青島鹽質之改良，殊覺可惜，爰將此次考察情形，綜合此次考察情形，乘此得研究之資料云。

(乙) 對於青島鹽質改良之意見

一、根本改良法

根本改良法之作法分三段：

第一段將結晶地鹽垜改良堅硬質之改良。

第二段於滷液中加重量二萬分之一之硫酸錳。

第三段飽和清液超過三十度者絕對放棄。

二、洗滌方法

洗滌各法分手工與機械兩種，究以何者為宜？按上述鹽兩種，設備若從根本改良，則用人工多，...

一、洗滌鹽池之一法。(見圖)

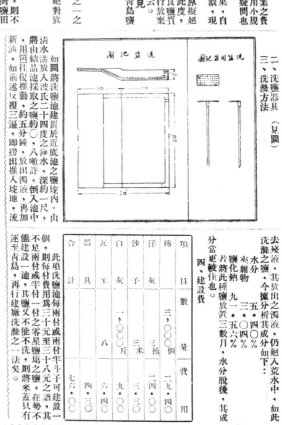

洗鹽池圖　　洗鹽用器具圖

三、洗鹽器具 (見圖)

三、洗滌方法

如圖將泥鹽池建設於近底池之鹽垜內，深約一尺，由清水滿池放入波氏二十四度之滷水中，深水約一尺許，將由結晶池採取之鹽，約五分鐘，即撈出放出濁液，倒入池中，再加新滷，用筐往復推動，如前述又覆三遍，即能建設一池，再行建設洗滌之一法矣。

去残液，其放出之渴液，仍廻入荒水中，如此洗滌水分來雜物，今擬分析其成分如下：

鹽化鈉　九一•五六%
水　分　四•四〇%
雜　物　三•五六%

若將此種鹽放置三數月，水分脫盡後，其成分當更較佳也。

四、建設費

項目	數量	費用
磚灰	三,〇〇〇個	二九•四〇
洋灰	三桶	二四•三〇
沙子	三米	三•三〇
白灰	一,〇〇〇斤	九•〇〇
瓦工	八	六•四〇
器具		四•三〇
合計		七六•〇〇

此項洗鹽池每兩付或兩付半斗子可建設一個，則每付或半付費用為三十元至三十八元之譜，其鹽不足兩付或半付一付，其鹽又不能不零星鹽塲之零星鹽塲之，在勢不能建設一池，再行建設洗滌之一法矣。

《"关东州"盐田视察报告及对于青岛盐质改良之意见》3

自貢鹽場之新事業——副產廠

自貢鹽場始於古代，歷千餘載，然咸注意廣鹽之本身。若其副產物，三十年前尚無經意者。民國八年，與精鹽爭市場得經之情形者，鉀之化合物及用途；如下述：

經理川南分斯時，始加留意者，和各國產銷鉀鹽之數量價值等。其內容：二，分號鉀之意義及自流井卸得卸之情形者，鉀之化合物及用途；和各國產銷鉀鹽之數量價值等。

自貢井有濃及隆厚之分。鹽產卸鹽物之種，曾合有鉀鹽之類，以所化驗之層當在此。想水一層之所含之鹽，最深之層含有最多之氯化鉀，即卸鹽合成總定質每百分之百一三十九，以總定質為千分之多，其他鉀鹽亦多之底。

四川自流井顯示化驗成分列左。

名　稱	日黑鹽水	石食鹽之鹽水（白鹽。帶黃色鹽水廢物沫子）		
總定實	三·六〇	一六·六〇	一六·六八	二六·七六〇
食鹽	一六·九〇	二·九〇〇	一〇·六〇	二·四〇〇	四七·九七〇
氯化鉀	三·〇三	一·〇三〇	〇·四〇〇	三·九二九
氯化質合成				
總定鉀之百分	一二·九〇	六·一一〇〇	九·四八〇〇	四·四〇〇〇	六·七四〇〇

以上均按每立方生的米突，含有若干格闌歸計算。表內之第一格總定實，係將鹽水蒸乾以求得之，蓋以蒸餾之水，融化食鹽，至多不過百分之二六·四。表內之第四格，即卸鹽合成總定質每百分之若十。

觀此即知自貢鹽場之副產，始由英人發現，然範限於鉀鹽，且亦僅起研究及實行者。造至民國廿七年，繆秋杰先生主政川局，研究副查不遺餘力；曾著有川鹽概要一書，其中述及副產者云：

《自贡盐场之新事业——副产厂》1

甲　黑滷之成分

名　稱	成分（g/L.）
NaCl	192·60
KCl	13·99
CaCl₂	15·23
MgCl₂	3·84
CaSO₄	1·97
MgBr₂	1·57
MgI₂	0·0·6
Insoluble matters	Trace
R₂O₃	Very trace
Oxidizable matters as CH.SH	0·004
Total	240·000

乙　黃滷及黃滷酸之成分

名　稱	黃滷成分（g/l）	黃滷酸成分（g/l）
NaCl	110·60	28·85
CaCl₂	37·78	5·89·80
MgCl₂	3·01	13·86
BaCl₂	Nil	Nil
CaSO₄	Trace	Nil
Na.B₄O₇.10H₂O	Trace	Nil
Insol.matter	—	—
Moisture at 130°	—	—

丙　嶽巴之成分

KCl	36·34%
NaCl	15·45%
CaCl₂.6H₂O	3·71%
MgCl₂.2H₂O	0·39%
CaSO₄	4·38%
Insol.matter	1·75%
Loss at 120°c	29·17%
H₂.Bo₃	0·17·%

Sp. gr. at 24°C　　1·56(19·6°Bé')
H₂O.by difference　　927·009

《自贡盐场之新事业——副产厂》2

加，其產品有下列數種：

（1）氯化鉀

（2）硼酸

（3）炭酸鎂

（4）炭酸鈣

（5）硫酸鎂

（6）溴液

卅一年夏，三一化學製品廠設廠於西。蓋該處原料較豐，欲就地取材，節省搬運之勞也。是即中央工業試驗所之鹽場。西兩場爲副產廠，亦積極推動。一時東而起者，更有建新鹽廠試驗廠，試驗鹽廠附設之副產廠，誠如雨後春筍等，其勃有不可遏止者焉。茲將各廠名稱錄下：

久大鹽廠副產廠

恆豐公司鹽業部副產廠

中央工業試驗所鹽廠試驗廠

三一化學製品廠

建新鹽廠試驗廠

精勵示範鹽廠

建成製鉀廠

廣大副產廠

紹利鹹精提煉廠

華勝副產廠

試驗鹽廠副產廠

此外，在組織中者尚有兩廠。歷來中國工業發展之遲，未有能如是者。千餘年來，歟巴除堊疆填，地點豆腐外，棄之河流，甚或載入人力，傷農漆之河流，今得化無用爲有用，變有害爲有利，豈非盡善？且抗戰期間，一般如巴之徒，運其餘資，囤積居奇，爲害人羣。吾自貢人，舉資以

振興工業，一改前此閉關自守不求進步之意，製造上團如何求技術上之進步，產品之改良，誠爲抗戰期中之好現象？各方之努力！

然而自貢兩場原料鹼巴之產量，月二十萬斤，鹹水約五十萬斤，一滴不遺，可副產之希望，欲以之輔助鹽業之自存，並使物盡其用而不棄於地，誠如施諸實用，月可產氯化鉀六十公噸，若能得七成即爲已足。是即儘量提製，非其他鑛產與技術兩者，頭應作及時之謀，鳳起雲湧之新興事業，蓬蓬物物，莫爲大觀也。

川鹽之於國防自有其價值，故雖成本較高，政府將來亦必予以維持。吾人對于此鹽，成爲一種有價值之原料與工業媒件中之原料，而永維不墜。工業媒件中之原料鉀四十二公噸，乃興鹽之產量爲比例。現此種原料，目下鹼巴觀此則種原料，應如何增加也。

別塘沽近二十年，尤其戰後風光，頗想一觀其究竟。正好鹽田春晒結束，工作稍閒，捉到這機會，未敢放鬆。於是我在八月二十六日與沈舜老一同赴津轉沽，舊地重遊，有說不盡的回味。留沽五日，曾往漢沽天津化學工廠，中鹽洗鹽工廠，及新港工程參觀；惟以時間匆促走馬看花，未能詳細紀錄。九月二日赴大沽中鹽工廠及鹽田觀光，我吃鹽田飯，故僅就鹽田方面覺其可供吾人之參考者，略述幾點以實海王。

大沽日人增建鹽田之特點

●李襄臣●

大沽日人增建之鹽田，展至鄧沽以南，佔地近九萬畝，超過濰場現在所能抗制之鹽田總面積。此項增建之鹽田，其方式略與其青島所建者相仿，分析其特點有三，茲略述如次：

(一)鹽田中儲水池面積與數量特別多

總面積八萬九千餘畝，其中儲水池面積約佔四萬五千餘畝。此項儲水池除儲蓄可供全部鹽田蒸發之海水外，其本身亦具有蒸發之作用，故實並不貯水溝與蒸發池之雙重效用。按塘鄧沽鹽田構造中之設有「注子者」，略同此種意味。筆者於膠澳鹽嘉改修鹽田，亦曾圖地爲儲水池，然現相仿，真覺有小巫大巫之感，不免氣餒太小！

鹽田生產量，其結晶池面積大，產量亦大，但生產成本亦因之增大。究竟結晶池面積與全田構造面積之比例爲若干。方不影響生產量，而又能減省人工減低成本？則在海灘地及最容易獲得的條件下，儘量擴充儲水池，不失爲一最優良之法。蓄儲水池低可蒸發使海水增濃，又不如溝渠增加疏浚，又不如其他蒸發池結晶池之費工經營也。

此項儲水池，因其面積較大，遇風生波；因爲有起伏波紋，故於其熱發曲積較平靜時加大，可以加速蒸發，此亦爲此優點之一。

(二)海水入蒸發池經過路線極長

該場構造三面均設儲水池，海水由左方送至上方，再經右方然後入蒸發池，途程約二十公里。此點筆者前曾以海水送經四公里遠，然後放入儲水溝。在此途程中，其濃度可增加一度。聞入沽鹽田經過儲水池直達蒸發池時，其濃度可增加三度半。現久大塘沽工廠某處灘已建有晒水台一座，正在試驗中，其成績尚無全年統計。究竟所費動力費與增添電費爲若干，尚難得一平和數字。而此種使海水在動應中經過長途，其效用含有晒水台相同之意味。但就一範圍言，其效用較之晒水台當相差甚遠。然就經濟立場觀察，究何者爲最合理，此須俟將來雙方統計之比較。蓋一則蒸發速則建設費及維持費頗大，一則蒸發效能雖緩，而建設費及維持費頗小也。

沿海邊難免有港叉河道，此項淡水滲入，使海水濃度因地點不同而互異。平常波納潮水，爲省工省費，多就較近較便之地安置水門或水漕。自有上述經驗後，知海水經過長途可以增加許濃度，以後吾人可以不必計較途程之遠，而可任意選擇一海水最濃之點，以安置水門或水漕及水之波納潮水，甚至可故意使其迂迴曲折，藉增一長途。曲水流殤，晒鹽技術中寓事，當亦爲吾苦海荒漠中作得道所領悟也。

(三)動力操作充分利用機械

該場有一百匹馬力抽水機三架，專供汲入海水之用。場內波水及回澜所用大小馬力抽水機38架，共有馬力約三百匹；合計共抽水機馬力六百匹。凡波水澜澜均可全用機械，在全國各場中可稱動力最完備者，以往晒鹽方法多賴於晒鹽技術之改進，可著先鞭，當爲意中之事。

因時間匆促，對于該場未能從各方面考察。上述三點，僅就主觀推測，難免謬誤。簡該場之其他特長，將來如時間許可，仍當能作進一步之詳細調查焉。

《大沽日人增建盐田之特点》

后　　记

　　我写这本小书,应该感谢曾任职于中科院海洋研究所文献信息中心的两位退而不休的老先生——孙北林和徐鸿儒。他们在2012年邀我参加了青岛老教授协会下设的"海洋文化研究"课题组,并委托我编个有关青岛盐业和化工方面的史料的小册子。在收集资料和编写过程中,我得到了他们与吴钧、刘书明、刘珊珊、徐丽君等课题组其他成员的帮助,还在课题组的组织下对青岛东风盐场等进行了调查。老伴李健博记得在父亲李襄臣去世后,她的大嫂(李健青的夫人)王永洁曾对她说,李襄臣在世时,相关部门曾请他写一部关于海盐生产科技和实践的著作。这说明李襄臣在这一领域是颇有成就的。然而,我们家人对他的成就几乎一无所知。我考虑,可以尝试搜集岳父李襄臣的生平事迹,既为山东的盐业提供一点史料,也让后人知道李襄臣的贡献。

　　我特别要感谢天津渤化永利碱业有限公司党委宣传部的领导和工作人员,是他们主动提供了大量珍贵的资料。当李健辞(李襄臣的女儿)、宋瑞桐夫妇前往该公司资料室查阅《海王》时,公司党委领导即表示,既然是为发掘"久大"故人业绩而来,公司全力配合。资料室的王志远和乔文祥马不停蹄地查找资料,扫描复制。结果喜出望外,我们收获的不仅是《海王》,还有李襄臣当年在"久大"的留影,以及范旭东在李襄臣夫人去世时给永裕公司的亲笔信等珍贵资料。此后,王志远还多次通过电子邮件为我们发送新发现的资料,对我写的初稿也提出了宝贵建议。

除了李健辞外,其他健在的李襄臣儿女——李健博、李健学和李健可及其家人们也都尽所能地提供了有关信息,并对我给予了很大的信任,对此书的出版寄予了很高的期待。当我查阅有关"永久黄"这个民营企业团体的材料后,我也深切地感到发掘和传播这段历史和文化的意义已远不止寄托家人的怀念。在当今振兴中华的关键时期,回顾先人们实业救国、科学救国的奋斗经历给我国广大人民群众会带来新的启迪和鼓舞。另外,此项工作也能为关注盐业的人们提供新资料。这些都促使我全力以赴,将书稿写出。

在搜集资料的过程中也得到其他不少人的帮助,如山东省档案馆的韩磊得知我的来意后不仅为我提供了多份材料,而且介绍我找其父,也就是20世纪80年代曾任青岛东风盐场厂长的韩雨顺了解情况。后来韩厂长带我们参观了东风盐场和青岛东营盐场。曾在青岛市科协任职的苏永生也提供了相关材料,并驾车陪我们一起参观了东营盐场。中国海洋大学的曲金良教授对我的初稿提出了宝贵意见。在此,向他们表示深深的谢意。

此外,我也通过网络获得了不少有价值的信息,包括电子版的期刊和书籍、地方政府史志办和地方文化团体等主办的网站上的文献,以及个人的微博资料。其中,在 2012 年之前曾担任羊口盐场副厂长的吕成乐(博客网名为"煮海的人")的一系列博文对我了解羊口盐场设计、建设的科学性与先进性及发展成就帮助很大。

然而,初稿完成后,由于种种原因,书稿的进一步完善和出版工作搁置下来,直至有些出版单位主动来函约稿。我们为进一步了解这些出版单位的情况,咨询中国海洋大学出版社杨立敏社长。杨社长热情地接待了我们,表示海盐相关的选题正符合其出版社的出版方向,并推荐出版社的盐业史专家纪丽真博士协助我工作。有这样一位专家为我的书稿把关,帮助完善书稿内容,正是我原来求之不得的。纪博士已发表多部盐业史专著,对明清时期盐业的研究尤为深入。通过交谈,我们得知纪博士近年来也在关注我国近代盐业发展,看到了她已复制的李襄臣发表在《海王》上的《胶州湾盐业》一文。这也是我建议在附录中增加李襄臣盐业文章的由来。

近 80 岁写成的初稿,近 90 岁才出版,而书稿的内容几乎没有增补。书稿中所述的"现状",依据的基本上是约 10 年前的资料,而不代表当今的状况。此外,因书稿编写时没有按现在出版的要求标注引用内容的出处,只在书末列出了参考文献。在这些文献中,不少资料未完好保存,还有少数参考网页不复存在。这都给图书出版工作带来了困难。虽在纪博士和出版社编辑的帮助下尽力完成了相关工作,但难免会有疏漏,谨向读者,特别是有关引文的作者致歉!